胡涵林 著

想認識誰｜認識誰

贏得好感

開口就要

換位思考 ✕ 權威效應
自我嘲弄 ✕ 模糊語言

人人都會說話，但不一定會「好好說話」！

「出現在成功人士身上的奇蹟，至少有一半來自於口才。」

自我介紹其實是自我推銷，該怎麼讓人留下印象？

忘記對方名字可以用寒暄繞開問題，但對方忘記你的名字該怎麼辦？

無意識的口頭禪可能曝露個性，甚至變成社交阻力？

一本書就能告訴你怎麼「說」出好人緣，「聊」出好關係！

目 錄

目錄

前言

古希臘哲學家蘇格拉底（Socrates）說：「這個世界上存在著一種能力，能夠讓人用最快的速度建功立業，並獲得世人的稱讚與賞識，那就是令人喜悅的說話能力。」美國人類行為科學研究者湯姆森也曾說過：「出現在成功人士身上的奇蹟，至少有一半來自於口才。」

會說話的人，在哪裡都能「吃得開」，如魚得水，左右逢源；而不會說話的人，就只能聽著別人侃侃而談，孤獨地站在人群邊際，說不上話。

會說話的人，身處順境，一開口就如錦上添花，哪怕身處逆境，也能完美逆襲；而不會說話的人，就只能用那笨拙的語言，辭不達意地勉強表達。

戰國時代的說客蘇秦，之所以能在各國之間縱橫捭闔，最後千古留名，正是因為他擁有出眾的口才。近代英國首相邱吉爾（Winston Churchill），也是憑藉其非凡的口才和傑出的應變能力，成功地化解了一場又一場政治危機，成為後世楷模。

作家朱自清說：「人生不外言動，除了動就只有言，所謂人情世故，一半是在說話裡。」也就是說，只要你掌握了說話的技巧，就能很好地掌握人情世故，可見說話的力量不容小覷。

在現實生活中，不管是交際還是求職，是遊說還是談判，

前言

都需要運用說話的能力。話說得好，小則討喜，處處受到歡迎，大則保身，幫你成就事業；而話說得不好，小則樹敵，到哪裡都討人厭，大則影響事業，導致事業失敗。

好口才是需要後天鍛鍊的，想要練好口才，不是一蹴而就的，而是要從基本功開始，透過不斷的累積，循序漸進，才能一步一步登上語言的高峰。

你要勇於和陌生人交流，並在閒談中把握說話的節奏，自然、放鬆地引導對方說話，運用各種說話技巧搭建彼此溝通的橋梁；你要學會察言觀色，用換位思考的方式理解對方；你要不斷完善自己的說話技巧，塑造自己的獨特風格，用人格魅力吸引對方；你要把握說話的時機和分寸，揣摩對方的心思。

本書是一本教人們好好說話、好好聊天的書。全書共分為七大章，分別從開口閒聊、精於溝通、說服談判、化解尷尬、自信演講、邏輯辯論、說話雷區等多個角度出發，採用循序漸進的方式，搭配專業的說話、談判及演講技巧和豐富的案例解析，讓讀者在通俗易懂的語言中掌握高效有趣的說話方法，真正做到在任何場合說話不怯場、與人交往不冷場，一開口便能贏得人心。

如果你能讓自己的話語裡充滿玫瑰的清香，那麼就能憑藉這股清新成功敲開別人的心門；如果你能讓自己的話語變得像圓舞曲一樣動聽，那麼別人就會在這優美的旋律中向你敞開心

扉；如果你能賦予自己的話語一點溫馨、一點陽光，那麼，這種陽光就能溫暖別人的心田，讓別人更願意靠近你、理解你、感激你。

　　希望本書能幫你掌握說話的技巧，讓你成為一個真正會說話的高手，助你開拓廣闊的天地。

前言

第一章
開口就要贏得好感，
想認識誰就能認識誰

在與他人的交談中，
如果想給一個人留下良好印象，
想獲得對方的好感，需要多久呢？
其實，並不需要多久，
因爲每個人在與他人目光接觸的一瞬間，
就會憑藉著對方簡短的語言而產生一個初步的印象，
好感程度便會隨之產生。

自我介紹怎麼說，能讓別人一下子記住你？

人與人之間的交流開始於自我介紹，自我介紹在人際交往中發揮著重要的作用。一段機智巧妙、謙虛誠懇的自我介紹能為我們贏得他人的好感，贏得與他人進一步結識的機會。

自我介紹說得好，就能讓別人一下子記住你。但是，自我介紹並不需要多麼華麗的辭藻，因為人與人之間的交往貴在真誠。

以誠意做出的自我介紹才能真正地打動他人，才能為日後與他人的交往打下好的基礎。

有人說，自我介紹不就是告訴別人自己的基本資訊嗎？這太簡單！事實上，一段精彩的自我介紹並不是我們想像的那麼容易，有很多人在賣力地進行一番自我介紹後，仍然無法讓對方了解自己，對方不了解你，怎麼會對你產生印象？怎麼會有好感呢？

能給他人留下良好印象的自我介紹才是精彩的自我介紹，那麼自我介紹怎麼說才能讓別人一下子記住你呢？

💬 說話技巧

通常，在做自我介紹時，應該把握以下幾點：

▪ 自我介紹時一定要自信

在日常生活中，很多人常常因為膽小內向而說話不自信，

沒勇氣，尤其是在陌生人面前。一旦有陌生人靠近，大腦一片空白完全無法思考，於是變得結結巴巴。在做自我介紹時最忌諱的就是結結巴巴，不僅不能清楚地將自己的意思表達出來，還會把自己膽怯的缺點暴露在他人面前，這樣如何能給他人留下好的印象？因此，在做自我介紹時一定要克服自己的膽小怯懦，只有對自己有信心，才能更好地介紹自己，別人才能對你產生好的印象。

▪ 自我介紹時態度、語氣真誠自然

其實自我介紹就是將自己推銷出去，你對自己的宣傳只有建立在貨真價實的基礎上，才能以真心換得他人的真心。如果自我介紹時言過其實，那就是廣告不實，一旦被人拆穿，既會尷尬，也會失去他人的信任，失去他人對你的好感。此外，自我介紹時，還應該把握分寸，最好不要用過於極端的詞彙，如「很」、「最」、「極」，否則會讓人覺得你過於浮誇、不夠真誠，很容易降低對你的印象分數。

作為著名的戲劇表演藝術家，王景愚在做自我介紹時總是機智巧妙，又不乏謙虛誠懇，他從來不會誇耀自己，因此贏得了很多人的喜愛。他曾經這樣介紹自己：

「我就是王景愚，表演《吃雞》的那個王景愚，愚公移山的愚。人稱我是多愁善感的戲劇家，實在是愧不敢當，我只不過是一個走火入魔的『默劇迷』罷了。你看我四十幾公斤的瘦小身材，卻經常負荷許多憂慮與煩惱，又多半是自找的。我不善

於向自己敬愛的人表述敬與愛，卻善於向所憎惡的人表述憎與惡，然而膽子並不大。我雖然很固執，卻又常常否定自己，否定自己既痛苦又快樂，我就生活在這痛苦與快樂的交織網裡，總是衝不出去。在事業上，人家說我是勇於打拚的強者；而在複雜的人際關係面前，我又是一個心『無』靈犀、半點不通的弱者。因此，在生活中，我是交替扮演強者與弱者的角色……」

　　—— 引用於著名的戲劇表演藝術家王景愚的自我介紹

　　王景愚先生在自我介紹時並沒有用華麗的辭藻，也沒有誇獎自己的成就，而是以真誠平實的語言打動了眾多觀眾，給觀眾留下了深刻的印象。

▪ 自我介紹時語言要幽默風趣

　　通常，幽默風趣的語言更容易打動人，因此，在做自我介紹時，不妨讓你的語言生動幽默一些，這樣既能加深他人對你的印象，又能活躍彼此之間的氣氛，更容易拉近彼此之間的距離。

▪ 自我介紹時要考慮受眾對象

　　我們之所以會做自我介紹，就是為了讓他人了解我們，如何才能讓他人從我們的自我介紹中了解到我們是一個什麼樣的人呢？這就是需要我們在做自我介紹時考慮受眾對象，看對方是什麼樣的人，年長的還是年輕的，比較嚴肅的還是幽默的？

只有這樣你才能隨機應變，決定自己是用嚴肅的語言還是活潑的語言介紹自己。

此外，還要考慮受眾對象的身分，看你想要對方了解你的哪些方面，這樣才能在做自我介紹時有個著重點。比如，在找工作面試時，你的自我介紹就要著重於工作能力方面的內容；在面對朋友的父母時，你的自我介紹就要著重於生活方面等等。

▪ 自我介紹時要有特點

有特點、有特色的自我介紹會給他人耳目一新的感覺，更能讓對方對你產生興趣，加深印象。在自我介紹時，可以事先組織一下自己的語言，用一些能突出個性特點的語句。例如，你姓「柳」，你可以介紹說「柳暗花明又一村」的「柳」，這樣要比介紹「柳樹」的「柳」更生動，更能吸引人；又例如，介紹家鄉臺灣臺南，可以說「糖南」、「文化之都」……有特色、有特點的自我介紹更能引人注意，讓人產生深刻的印象。

見面時稱呼錯了，再好聽的話說出來了也是尷尬

　　稱呼是對他人的一種友好問候，是人際交往的開始。不管是初次見面的新朋友，還是老朋友，在交談之前都免不了一聲稱呼。恰當友好的稱呼，既能表示自己對對方的尊重，又能讓對方對自己產生好感，便於進一步交往交談。而見面時稱呼錯了，再好聽的話說出來也是尷尬。因此，在與人交談之前，首先要注意稱呼的問題。

　　有些人在剛剛開始與他人說話時，就被對方判了死刑，究其原因大多是錯誤稱呼惹的禍。在現實生活中，有很多人常常忽視了稱呼的重要性，不注重對稱呼的使用。要知道，稱呼就像是開啟人際交往之門的鑰匙，如果用對了稱呼，能贏得對方的好感，順利地與對方進行人際交往，把談話繼續下去。反之，不恰當的稱呼很容易引起對方的不快甚至不滿，讓談話雙方變得尷尬。

　　曾經有一個年輕人騎腳踏車趕路。快到中午時，準備先找一個餐廳吃個飯再趕路，但是由於人煙稀少且自己人生地不熟，找了好久也沒看到餐廳。好不容易看到一個老伯伯，年輕人開口問道：「喂！老頭，哪裡有餐廳啊？還有多遠？」那位老伯伯板著臉說：「五里！」年輕人聽後立刻騎上車去趕路，但騎了十幾里，也沒看到一家餐廳。年輕人非常氣憤，自言自語道：

「那個老頭太可惡了，居然騙我，我一定要好好教訓教訓他！都不知道騎了多少個『五里』了！」突然，年輕人靈光一閃，發現原來那個老伯伯說的不是「五里」，而是說自己很「無禮」。想到這裡，年輕人突然覺得自己對待老伯伯真的很沒有禮貌，於是掉頭往回騎，追上那位老伯伯後準備道歉，剛喊了聲「老伯伯」，那位老伯伯便開口說：「這附近沒有什麼餐廳，你還是到我家裡吃個便飯吧。」

這個簡單的故事告訴了我們一個道理，在與人交談時一定要有禮有節，尤其是對他們的稱呼上。常言道「良言一句三冬暖，惡語傷人六月寒」，有禮有節的稱呼就好像給對方一個見面禮，只有讓對方舒心，他才願意接受你，跟你交談，你的人際交往才會成功。反之，錯誤的稱呼會讓對方感到不快甚至生氣、反感，進而不願意繼續與你交談。

隨著時代的發展，稱呼在人際交往和管理活動中造成的作用越來越大，很多人開始重視稱呼。心理學家認為，正確恰當的稱呼會使人心情愉悅，更容易讓他人接近，使雙方更能友好和諧地交談下去，形成親密和諧的人際關係。而良好的人際關係是一切事物成功的基礎。

因此，不管你從事什麼職業，身處什麼職位，想要獲得人際交往上的成功，進而獲得事業的發展和生活上的愉快，首先要提高自己的「稱呼水準」，學會正確地使用稱呼，「好的開始是

成功的一半」稱呼對了，你才能繼續與別人攀談下去。

那麼，怎樣稱呼才算得體恰當呢？

🗣 說話技巧

事實上，所謂的得體稱呼世界上並無統一標準。地區、民族、語言不同，稱呼的習慣也會有很大的差異；職業、職位、性別、年齡不同，對稱呼的要求也不同。但是有一點是相同的，那就是稱呼他人時一定要有禮貌，要尊重他人。只有這樣，談話的對象才會因為你的禮貌和尊重願意跟你接觸，主動和你交談。有了好的開始，你們的談話才能更好地深入下去。當然，有禮貌僅僅是基礎，在使用稱呼時還應該注意以下幾點：

▪ 稱呼要符合對方的年齡、身分、性別、地位等

在稱呼他人時一定要注意對方的年齡、身分、性別和地位等基本資訊，要給出符合他們的稱呼。比如，在稱呼比自己年長的人時，一定要使用尊稱「您」，且語氣態度要謙恭、熱情；在稱呼男性時，應稱呼為「男士」，在稱呼女性時，最好稱呼為「女士」；在稱呼職務或職位比自己高的人時，最好也使用尊稱「您」，且將其職務或職稱帶上，如「胡經理」、「王總工程師」等。總而言之，在稱呼他人時一定要講究禮貌，既能表達出你的尊重和誠意，又要保持不卑不亢的態度，以獲得他人的尊重。

▪ 稱呼時要有禮有節，有先有後

很多時候，我們需要打招呼的人不止一位，這就需要我們懂得社交禮儀，把握稱呼時的先後順序。通常，應該先稱呼職位高的再稱呼職位低的，先稱呼年長的再稱呼年輕的，先稱呼女士再稱呼男士，先稱呼不熟悉的人再稱呼熟悉的人。一個簡單的稱呼很能展現出你的涵養、學識以及社交能力。對他人有禮有節、有先有後的稱呼，既能對位高、年長者以及女性和不熟悉的人表示尊重，又不會讓位低、年輕者以及男性和熟悉的人感到不快。反之，如果不講究禮節和先後順序，很容易讓位高、年長者以及女性和不熟悉的人感到不滿，而其他人也會感到尷尬。

▪ 稱呼時要記住對方的姓名

記住交談對象的姓名是對對方最起碼的尊重。因為姓名是一個人最直接的象徵，而且每個人都很重視自己的姓名，出於自尊的需要，人們都希望他人能記住並尊重自己的姓名。因此，如果你能記住並準確地叫出對方的姓名，會滿足對方的這種心理需求，從而讓對方對你產生好的印象，願意和你親近。比如，當你和一個人打招呼時說「您好，王青先生」，要比直接說「您好」更能達到交談目的，雖然兩種打招呼的方式都很有禮貌，但是前者更能讓對方感動。

除此之外，在稱呼他人時還應該注意對象和場合等，如在家庭聚會中可以稱呼女性年長者為「阿姨」，但是在正式的商務

場合就應該稱呼為「女士」等。總之，稱呼是社交活動中的重要開端，是你給他人的見面禮，有禮有節的稱呼會為你的社交活動助力。在日常生活中，我們要依據不同的情況使用不同的稱呼，做到恰當得體、有禮有節，這樣才能收到最理想的稱呼效果，達到自己的社交目的。

初次見面尷尬嗎？不妨這樣說

很多時候，我們在與他人初次見面時常常會出現面面相覷、無話可談的尷尬。例如在客戶的會客室等待要拜訪的客戶時，不知道與對方的接待人員說些什麼，很尷尬；又比如第一次去朋友的家裡，面對對方的父母時不知道說些什麼，只能尷尬微笑……類似的情景似乎常常發生。有時想說些什麼，但因為不熟悉，沒有話題可聊，而如果不說話，又會讓人覺得很沒有禮貌。

在過去，人們常常會以「探詢隱私」的方式破解彼此的尷尬，比如會問對方「你多大了啊？」、「有沒有結婚啊？」、「孩子上學了嗎？」等等。雖然這種方式在一定程度上消除了初次見面的尷尬，但是問話的方式過於單調，一旦對方直接回答「是」或「不是」後，就沒有繼續下去的話題，依然會出現沉默的尷尬局面。此外，沒有交情可言就直接問對方的隱私，會讓對方有一種壓迫感，有時甚至會讓對方對你產生防備。

那麼，在初次見面時，我們要怎麼說才能消除彼此之間的尷尬呢？

💬 說話技巧

▪ 從聊名字開啟話題

通常，在第一次見面的時候，最簡單直接的方法就是介紹自己的名字，然後詢問對方的名字。例如，當在公眾場合第一次與他人見面時，我們可以這樣開啟話題：

「你好，很高興認識你，我是李浩，請問你怎麼稱呼？」

「你好，我叫貝微微。」

「哦，ㄨㄟˊ是哪個ㄨㄟˊ？」

「是微笑的微。」

「哇，很好聽的名字，你的父母肯定是希望你能每天開心，天天微笑。」

「哈哈哈，是啊。不過我倒是天天笑得有點超過，完全沒有理會到微笑應該笑不露齒，哈哈哈。」

「那表示你很開朗啊，不像我，天天悶沉沉的……」

接下來的話題就會慢慢地開啟了。

初次見面時先詢問對方的名字，並就名字開啟話題，如聊聊名字的寓意、取名的由來，或者稱呼、綽號的趣聞等等，這樣既打破了初次見面的尷尬，避免無話可說，同時又不會讓對方感到被冒犯，很輕鬆地就能了解到對方的基本資訊。

總之，只要能抓住對方的名字，以對方的名字延展開來，

就會發現其實會有很多的話題可以聊，如家庭、性格等等。話題越來越多，當然就不會再出現沉默的尷尬。

不過需要注意的是，聊名字的方式只適合那些萍水相逢，且沒有打算深交的陌生人，例如火車上遇到的陌生人等。僅僅聊名字只是為了打破彼此之間的社交空白。

如果你的談話對象是需要進一步拉近關係的人，如目標客戶或者相親對象等，僅僅聊名字會顯得有些疏遠，不利於接下來的進一步談話，因此要謹慎使用。

▪ 用讚美打破沉默的尷尬

破解初次見面的尷尬，還有一種方式，那就是讚美。世界上最華麗的語言就是對他人的讚美。在生活中，每個人都渴望得到別人的承認和讚美，這是人的一種心理需求。當一個人獲得他人的讚美後，會本能地對讚美自己的人產生好感，即使那個人是陌生人。因此，讚美初次見面的人，會拉近你與他之間的距離，有利於展開話題，打破尷尬。

比如，當你第一次和一名女性見面時，可以誇誇她髮型或者裙子。這種打破沉默的方式，既能讓那位女士獲得虛榮心的滿足，對你產生好感，又不會冒犯對方。但是通常你只需要誇誇就好，千萬不要深入去問哪裡做的頭髮或是哪裡買的衣服。對於初次見面的人來說，稍深入一點的話題最好是由對方說出來，避免對方不願意深入聊這個話題，從而使交談陷入尷尬。

通常這種讚美的方式，只是為了開啟說話的局面，並不是為了真的詢問對方。

　　在用讚美的方式打破尷尬時，應該要注意不能過分熱情，因為過度的阿諛奉承會讓對方認為你沒有誠意，自然會對你有所防備，不願跟你有過多交流。只有真誠善意的讚美才能打動對方，讓對方願意跟你聊。

▪ 聊聊熱門新聞或當下流行文化

　　有時，當我們處在一個陌生的環境，認識新的朋友時，發現自己很難和他們找到共同話題，只能很尷尬地杵在那裡。面對這樣的情況，我們不妨聊一聊熱門新聞或當下流行文化，既能打破暫時的尷尬氣氛，又能找到一個可以聊天的話題。

　　此外，如果初次見面時由對方先打破沉默，你要積極地回應對方。交談是雙方的，僅僅一方說而另一方聽，是很難打破尷尬的，只有在你來我往的談話中，彼此才會有更多的話題，才不會出現尷尬的局面。

寒暄不是廢話，是拉近彼此距離的法寶

看過明星演唱會的人都會發現，明星們出場時都會一次次地喊道：「你們好嗎？」可不管是臺上明星們還是臺下觀眾，從沒有人會覺得這樣會很老套。因為大家都覺得這是最正常的寒暄方式。雖然這句問候有些多餘，但卻很有效，能瞬間拉近彼此的距離。

在日常生活中，與他人建立良好的關係，拉近彼此之間的距離是非常重要的。想要建立良好的關係，最簡單最直接的方法就是寒暄。有人可能會覺得寒暄時說的都是一些「廢話」，毫無意義。其實不然，在與人交談時，一句簡單的寒暄會讓對方感受到關切之情，很容易對你產生好感，進而願意和你親近，拉近與你之間的距離，進而建立良好關係。

如果想要在交談中和對方的關係變得融洽，就要學會寒暄。寒暄之後，再進入你要談的話題，這樣才會顯得有人情味；反之，如果跳過寒暄，直接進入談話主題，會讓對方覺得你過於功利，反而會對你有所防備。

一次學術研討會後的酒會上，李教授遇到了兩位碩士畢業生小李和小王。小李看到教授時很激動，認真地向李教授做自我介紹：「您好，李教授，我叫小李，上個月剛剛從××大學研究所畢業，現在正在找工作。」李教授一愣，但還是出於禮貌

說道：「是嗎？那你要努力加油啊！希望你能早日找到理想的工作。」然後便和身邊的人聊起來，沒有再理會小李。

小王也找到了李教授攀談，和李教授打招呼時說：「您好，李教授，我看過您那篇關於太陽系的學術論文，您真是見解獨到啊！」李教授聽後，非常開心，謙虛地說道：「哪裡，只是有一些想法罷了。」小王笑著說：「您太謙虛了，其實我也很喜歡探索宇宙的奧祕，不過可惜我是學中文的，對這方面涉及不深。」接下來的時間裡，小王和李教授談論了很多關於星系和發表論文的話題，自然而然也談到了小王正在找工作的事，李教授表示很願意幫小王引薦自己雜誌社的朋友。

顯然，小李忽視了重要的一點，就是李教授並不認識自己，自己直截了當地向李教授傳達正在找工作的資訊，只會讓李教授感到很突兀，而且會覺得小李沒有禮貌，反而拉開和小李之間的距離，不給小李繼續交談的機會。而小王就聰明得多，他先和李教授寒暄，然後慢慢地展開話題，在和李教授愉快交談並拉近距離後，自然能輕鬆地達到讓李教授幫自己引薦工作的目的。

寒暄的妙處就在這裡，很自然地拉進了兩個人之間的距離。正如有人所說：「寒暄是人際交往的起點。」有時候看似無聊的閒談和寒暄，有著自然而然地拉近人心距離的力量。例如我們常常掛在嘴邊的「你吃飯了嗎？」，看似廢話，實則很能讓

人感受到你的關心。雖然寒暄的話沒有什麼實質的內容，但在我們的日常人際交往中，寒暄是必不可少的，它是增進彼此關係的潤滑劑，能讓人與人之間的氣氛變得融洽、活躍。所以寒暄不是廢話，而是拉近你與他人之間距離的法寶。

💬 說話技巧

寒暄的使用是需要注意場合的。只有恰當得體的寒暄才能幫助我們拉近與他人的距離。通常寒暄的方式有以下五種：

▪ 誇獎式

誇獎式寒暄就是讚美對方的某一特點，滿足對方的心理需求，讓對方對自己產生好感，進而讓彼此的談話變得融洽，拉近彼此之間的距離。例如，當你不知道該如何開口說第一句話時，可以先誇獎一下對方：「你用什麼牌子的口紅啊？顏色真好看，很襯你的膚色！」愛美是女人的天性，當你誇她的口紅好看、她的膚色好時，她想不開心都難，心情好了當然願意跟你交流，而且還有可以聊的話題 —— 口紅，接下來的交談不是水到渠成嗎？

▪ 攀認式

攀認式寒暄就是找到雙方的相同或相似之處，如「同鄉」、「同齡」等。透過找到雙方的相同或相似之處，開啟彼此之間的話題，拉近彼此之間的關係。比如，當我們剛上大學面對陌生

的同學時可以問：「你是哪裡人啊？」、「哇，這麼巧，我也是湖北人呢，我家是⋯⋯」自然而然就拉近了你與同學之間的距離。

▪ 問候式

問候式的寒暄就是問候他人，如「你好嗎？」、「你們好嗎？」、「你吃飯了嗎？」等等，這是我們最常見的一種寒暄方式。雖說這些問句看似提問，實則並不是真的在向對方提問，只是表達一種雙方見面時的問候，表達自己對對方的一種熱情和禮貌。通常問候式的寒暄多用於熟人之間，如鄰居等，以表示自己的親和友善之意。

▪ 描述式

描述式的寒暄即是對你所看到的場景進行描述，比如「剛回來啊，是加班了嗎？」、「這麼早啊，去上班嗎？」等等。描述式的寒暄和問候式的寒暄使用範圍比較相似，都是用於熟人之間的，展現自己的親和友善。

▪ 言他式

還有一種寒暄的方式是以外界環境為話題進行寒暄，這種方式叫言他式。言他式寒暄是很能拉近與對方的距離的，例如：

「我看好像要下雨了呢。」

「是啊，真是討厭，早上出門忘了帶傘。」

雖說這些寒暄的方式看起來很簡單，但是在人際交往中卻

發揮重要的作用，不僅能化解見面時的尷尬氣氛，還能有效地拉近雙方的距離，建立良好的人際關係。不過在使用寒暄時應該注意以下幾點：

一是寒暄時要自然，不要太生硬。

二是寒暄的語氣和態度要親和友好。

三是寒暄時盡量建立彼此之間的認同感，最好以對方感興趣的事為出發點。

緊張和膽怯是口才「殺手」，克服它們才能好好說話

每個人都希望自己交際能力一流、口才出眾，但現實生活中有多少人真的能有發揮自如的口才呢？很多人在與人交談時因為緊張、膽怯而變得語無倫次、結結巴巴，或是不敢開口說話。其實，人與人之間的交談都是建立在舒適、自在的基礎之上的，如果在交談時有人緊張、拘謹，那麼就無法與對方好好說話，這段人際交往是很難順利地進行下去的。

很多人會害怕交際，在與人交談時會緊張、拘謹，不敢表達，並不是因為他們表達能力不行，而是因為他們不自信。有些人擔心自己說得不好而讓別人看笑話；有些人很在意別人對自己的看法，擔心別人不能認同自己的話；有些人擔心自己說的話沒有人回應而冷場……缺乏自信引起恐懼緊張，進而導致與他人交談時出現障礙。

劉曉琴性格內向害羞，總是害怕和別人說話，因此人際關係很差，也沒什麼朋友。為了改善自己的情況，劉曉琴給自己報名了一個人際交往培訓班。上課的第一天，老師讓每位學員都上臺做一下自我介紹，當輪到劉曉琴時，她卻表示拒絕，不願意上臺說。後來在老師和同學的鼓勵和勸說下，劉曉琴只上臺匆匆說了自己的姓名和工作便下了臺。

下課後，老師找來劉曉琴溝通。劉曉琴說出自己的擔憂：之所以不願意上臺，是擔心大家都是第一次見面，所有人都說得很好，只有自己說得不好，大家會看不起自己，笑話自己；在臺上之所以只說了兩句話就下去，是因為看到臺下那兩個人在交頭接耳，覺得他們是在討論自己，自己說錯了什麼話。

　　在日常生活中，有很多和劉曉琴一樣的人，說話時，會不由自主地緊張，進而什麼都不敢說。他們不自信，擔心自己會說不好，害怕自己會出錯出醜。於是他們為了不讓他人看到自己出醜，暴露出自己人際溝通上的缺點和短處，便不在他人面前說話，認為只有什麼都不說，才不會把自己的缺點和拙劣暴露出來，自己才能在眾人面前有立足之地。

　　事實上，這樣的想法是不對的。什麼都不說雖然能隱藏自己的缺點，不給他人留下不好的印象，但是也不會在他人面前有什麼存在感，對人際交往沒有任何好處，還不如想辦法克服自己的緊張和膽怯。當自己自信了，還會害怕沒有好的口才嗎？還會害怕在他人面前出醜嗎？

　　那麼，要想克服自己的緊張和膽怯，我們應該怎麼做呢？

🗨 說話技巧

▪ 了解緊張情緒的來源

在與人說話時會出現緊張情緒，有以下三個原因：

（1）**自卑**：很多人因為出身、性格、形象、經濟條件等原因，造成自卑的性格。因為自卑，在和其他人聊天時，會覺得自己的談吐、表現都不如他人，所以往往會比其他人要緊張得多。

（2）**有很強的自我意識**：通常有很強自我意識的人，都會很在意自己的表現以及他人對自己的看法。因為想要表現得更好，給他人留下自己完美的一面，反而會緊張，生怕哪一點表現得不完美。

（3）**曾經的挫折陰影**：幾乎每個人都經歷過挫折與失敗，有的人會把挫折和失敗當作奮發向上的動力，一步步努力走向成功；但還有一些人卻因為一次挫折與失敗而留下心理陰影，從此不思進取、一蹶不振。例如，一個人在與他人聊天時，因為不擅言辭而被對方嘲笑，內心就會產生挫敗感，從而不再敢與他人聊天說話，或與他人交談時會變得緊張，害怕會遭遇同樣的情境。

只有了解了緊張情緒的來源，才能有的放矢地有效克服。

▪ 正確看待和接受自己的緊張情緒

人的情緒是很難控制的，每個人都有情緒緊張的時候，沒有誰能遏制自己緊張情緒的產生。既然如此，不如放棄與緊張情緒的對抗，正確看待自己的緊張情緒。當緊張的情緒來臨時，冷靜下來，問問自己是什麼原因讓自己如此緊張，找到原因，緩解自己的情緒。即使無法緩解，也不必過於擔心，做好你所擔心之事的最壞打算，並坦然接受。只有正確看待和接受自己的緊張情緒，你才不會被它影響。

▪ 不斷練習，熟能生巧

有些人會因為不習慣與他人交談時的氣氛和環境，所以在交談時常常會出現緊張的情緒。面對這樣的情況，可以多找人聊聊天，在不斷的練習中鍛鍊自己的適應能力和交際能力，在熟能生巧後，會發現與他人聊天並沒有什麼可怕的。

▪ 不要怕冷場

有些人常常會擔心自己說的話沒有人響應，會出現冷場的局面。越是擔心，越會對自己沒有信心，覺得自己說話沒有分量或不能引起他人的共鳴，進而給自己造成無形的壓力，使自己變得緊張。其實，冷不冷場有什麼關係呢？只要你能流暢地表達出自己想要表達的內容就好了，即使沒有人回應你，也可以把這當作一次鍛鍊自己，超越自己的機會，這樣想就不會有壓力，也不會那麼緊張了。

▪ 在心中給自己加油打氣

當你在與他人交談時，可以在心中不斷地給自己加油打氣，告訴自己「我可以」，當你對自己有了信心，說話時就不會那麼緊張了。

▪ 緊張時用微笑來緩解

當你在與他人交談因為緊張而出錯或者結巴時，不妨用微笑來緩解自己的緊張。微笑有一種神奇的力量，可以緩解你的緊張情緒，可以化解你因緊張而出錯的尷尬，可以化解對方對你的不了解和牴觸。

萬事起頭難，只要你勇於開口，解開恐懼緊張的枷鎖，與他人說話聊天並不是難如登天之事。

見面時用這四種開場方式，
對方無法拒絕和你交談

　　人生在世，總是在不斷地與人打交道。有時候與他人初次見面時，第一句話往往能決定交談的深度。因此，要想給對方留下好印象，與對方有進一步的交談，好的開場白尤為重要。開場白說得好，可以讓對方感受到你的友好和熱情，能打破彼此之間陌生的尷尬。可以說，開場白是與陌生人之間「破冰」的重要武器。

　　無論在什麼場合，見什麼人，第一印象是非常重要的，你對陌生人說的第一句話相當於決定著對方是否願意與你進一步交往。好的開場白能夠引起對方的共鳴，打破彼此之間的隔閡，拉近彼此之間的距離。

　　那麼，當我們與陌生人第一次見面時，要如何說好開場白呢？

💬 說話技巧

　　常見的開場白主要有以下四種方式：

▪ 以問候的方式開場，讓人感到親切

　　「禮多人不怪」，在面對陌生人時，不管對方是什麼人，一句「您好」會讓對方無法拒絕你的友好。當然，針對不同的時間、不同的對象，如果能選擇相對應的問候語更能讓對方產生

親切感，不忍拒絕你。

例如，當你面對陌生的長者時，一句「您好老人家」能讓對方感受到你的尊重和敬意；當在過節期間面對陌生人時，一句「新年好」等節日的問好既能應景，又能向對方表達自己的友好。

▪ 以攀認親友關係的方式開場，拉近彼此距離

如果能在第一次與人見面前花點時間多了解對方，找出與對方的某些連繫，如或近或遠、或明或暗的親友關係等，這樣在見面時，就能以這個關係作為開場白。攀認親友關係是很有用的一種開場方式，可以讓對方感覺到親切，迅速拉近彼此之間的距離。

美國前總統雷根（Ronald Reagan）在受邀訪問中國上海復旦大學時，就以攀認親友關係的方式進行了開場，並贏得了初次見面的一百多名復旦學生的好感。他在開場時這樣說道：「其實，我和你們的學校有著比較密切的關係。你們的謝希德校長和我的夫人南希（Nancy Reagan）都是美國史密斯學院的校友。由此看來，我和各位自然也就算得上是朋友了！」

雷根總統寥寥數語的開場便拉進了自己與一百多位陌生人之間的距離，彼此之間建立了友好關係。這種攀認親友關係的開場白，是非常值得我們借鑑的。

▪ 以敬慕式的話語開場，讓人感到貼心

很多時候我們可以對第一次見面的人表達我們的敬重、仰慕之情，這樣既能表現出我們的熱情有禮，也能讓對方感到貼心。

但是需要注意的是，敬重、仰慕的話語一定要恰到好處，如果說的多了，會讓人覺得你不夠真誠，是在胡亂吹捧。此外，在使用敬慕式的話語時要注意時間和場合。例如在一個畫展上，第一次見到了畫展的主人可以這樣說：「看過您很多作品，這次能見到您本人，真是太令人激動了！」

▪ 揚長避短式的開場，能愉悅對方

　　幾乎所有人或多或少都有些虛榮心，希望他人能看到自己的優點和長處，希望能得到他人的讚美。因此，我們在初次與他人見面時，不妨使用揚長避短式的開場方式，直接或間接地讚美一下對方的優點和長處，滿足對方的虛榮心，這樣的開場會讓對方心情愉悅，對方自然會對讚美他的人產生好感，並願意與你深入交談下去；反之，如果你在初次見面時有意或無意地觸碰到對方的痛點，性格好點的或許出於禮貌不會對你怎麼樣，但是也絕不會願意和你深交，性格直一點的人或許就會走掉。

　　總而言之，漂亮的開場白是開啟對方心門的鑰匙，可以讓兩個陌生人在第一次見面時就能互生好感，彼此親近，為今後的交往打下好的基礎。所以，要記住，當你與陌生人初次見面時，一定要重視開場白，即使不做到口吐蓮花，也要說得讓對方舒服，這樣才能給對方留下好印象，你與人家的交往之路就成功了一大半。

讓聲音更有魅力，讓所說的話更吸引人

一個人的魅力不僅在於他的形象，聲音也是重要的一個方面。有魅力的聲音同樣能吸引他人的注意，給他人留下好的印象。

然而很多時候有些人僅僅重視自己的外貌和穿著打扮，卻忽略了聲音的重要性。殊不知一個人的聲音能表達出很多的資訊，熱情、親切、冷漠、虛情假意、裝腔作勢都能從聲音中表現出來。

心理學家認為一個人給他人的第一印象中，聲音占據了近40％。所以在初次與人見面時，你說話的聲音相當程度上決定了他人對你的印象。有人會說自己的聲音天生就不好聽，在見到陌生人時豈不是不能開口說話了，不然就毀掉了給他人的第一印象。

其實不然，儘管聲音是天生的，無法改變，但是我們可以透過學習和練習改進我們說話時的語速、音調、節奏等來彌補聲線的不足。

前英國首相柴契爾夫人（Margaret Thatcher）的聲音天生細高，在準備參加競選之前，她和她的競選團隊都覺得她競選成功的希望很渺茫，因為這樣的聲音讓人覺得沒有自信也無魄力，也不會給選民帶來安全感，沒有誰能接受有這樣嗓音的首相。

但是柴契爾夫人相信自己能透過學習來改變自己的聲音，

於是在競選之前找來專業人士，透過不斷地學習和堅持，最終贏得競選。在競選演講中，柴契爾夫人以沉穩平緩、含蓄委婉的聲音，以及恰到好處的肢體語言向大家展示了理性、尊嚴、雍容的一國首相的形象。

雖然我們不知道柴契爾夫人的輔導老師用什麼樣的方法完善了柴契爾夫人的聲音。但我們從中能知道一點，那就是聲音是可以透過後天的努力和學習而改變的，每個人都可以透過自己的聲音給他人留下美好的印象。

說話技巧

想要你的聲音變得有魅力，進而讓你所說的話更吸引人，不妨試著從以下幾個方面著手：

▪ 注意你的發音，咬字要清晰

當你在和他人交談時，首先要注意自己的發音，要保證自己咬字清晰，這樣不僅能讓自己在談話時更自信，同時又能讓對方聽清楚你所說的內容。如果你在說話時含糊不清，不僅會影響自己的形象，還會影響自己的思路。而對方也會因聽不清楚你想要表達的意思，而不願與你做過多的交流。

▪ 注意你說話的語氣語調

在我們日常說話時，一定要注意自己的語氣語調，抑揚頓挫的語調與自己所說的內容相互配合，即使是枯燥乏味的內

容，也能吸引他人。如果在說話時不懂得把握自己的語調，不會運用語調變化，即使是很有趣的內容，也沒有人願意聽。

此外，在與陌生人交談時，盡量要讓你的語氣、語調有親和力。這樣才能給對方留下平易近人的印象，讓對方願意和你多接觸。

▪ 注意你說話的音量

有些人認為說話聲音大才能彰顯自己的威懾力和影響力，實則不然。很多時候人們受不了別人在自己耳邊大聲地說話，認為這樣很沒有禮貌；而又有些人說話的聲音又過於細小溫柔，這樣的聲音往往也不能給他人留下好印象，讓人覺得缺乏自信。因此在說話時要保持適當的音量，才不會讓他人反感。

▪ 注意你說話的節奏、速度

一個人說話時的聲音是否有感染力，其說話的節奏、速度有著很重要的作用。但是在日常生活中，很多人常常忽視了說話節奏、速度的重要性。有些人常常習慣說得很快，很容易造成他人的思路跟不上你的節奏、速度，或者聽不清楚你想要表達的意思，從而對你的話題失去耐心；有些人習慣說話很慢，這樣會讓他人覺得你思維遲鈍，留下不好的印象。殊不知，在與他人說話時，巧妙地運用不同的說話節奏、速度，不僅不會讓對方覺得單調乏味，還能有效地表達出你的意思，讓對方聽得更清楚，願意繼續聽下去。

▪ 說話時充滿熱情與活力

在與他人交談時，充滿熱情和活力的說話不僅能讓自己充滿信心，還能帶動和感染對方，讓對方不知不覺地被你吸引，與你開心地交談。

聲音是人際交往的第二張名片，擁有了充滿魅力的聲音，才能增強你的吸引力，吸引他人聽你說，跟你交談。

對方不感興趣，說什麼都沒有用

與他人說話溝通的最好話題就是興趣，聊他人感興趣的話題不僅能提高他人與你溝通的興致，還能增進彼此之間的親密度，溝通彼此之間的感情。反之，如果話題是對方不感興趣的，你說什麼都沒有用。

曾經有人做過一個實驗，實驗的內容是讓一群坐在一起的人相互之間保持熱烈的交談，兩兩一組不限制談話內容。實驗的結果發現：當兩個聊天的人同是男性或者同是女性，他們都聊得很熱烈，很容易找到共同的話題；而當聊天的兩個人是一男一女，他們總是聊不起來，不是因為男性的運動話題女性不感興趣，就是女性的化妝品、時裝話題男性不感興趣。

可見，在與他人聊天時，如果所聊的話題不是對方感興趣的，是很難引起對方的交談慾望的。

有這樣一個小故事，講述的是一隻貓為了報答救牠的女孩，和那個女孩親近，每天都抓老鼠送給那個女孩，但是女孩非常不喜歡那些死老鼠，把牠們都丟掉了。

其實很多時候，我們跟他人講的話就如同那些被討厭的死老鼠，不被他人喜歡，是他人不感興趣的話題，在交談時很容易造成雙方的尷尬或者對方的反感。因此，在與他人聊天時，想要愉快地進行下去，必須要從對方的興趣入手，找到對方感

興趣的話題。

　　有一天，李文媽媽的一位朋友到家裡做客，因為媽媽有些急需處理的事情，所以那位朋友只能在客廳坐著等待，十歲的李文因為對宇宙很感興趣，便在客廳看科教節目《宇宙奧祕》，媽媽的那位朋友好像也對這方面的內容感興趣，便和李文聊了很多關於星球的話題，兩個人聊得都很開心，像是志同道合的朋友。

　　媽媽的那位朋友走後，李文好奇地問媽媽：「媽媽，那位阿姨是做什麼的啊，她怎麼也對宇宙的奧祕那麼感興趣呢？」媽媽說：「那位阿姨其實是一名護士，我也從沒有聽她說過喜歡探索宇宙啊。」李文又問道：「那她為什麼一直和我聊天，說的都是關於宇宙和太空的事情？」媽媽說：

　　「那是因為她是一位很有涵養的人，她在和別人聊天時，都會以對方的興趣為話題，所以和她接觸的人都非常喜歡她。」

　　李文媽媽的那位朋友因為懂得在與他人交談時說對方感興趣的話題，所以才會受到很多人的喜愛。可見與他人聊天時，能找到對方感興趣的話題是很有必要的。那麼，我們應該怎麼做呢？

🗨 說話技巧

　　生活中每個人由於年齡、性別、身分、職位、地位、性格、經歷等不同，感興趣的話題也有所差異。例如，孩子熱衷於玩樂、吃東西，老人偏向對過去的回憶，女人熱衷於時尚、家

庭、孩子，男人卻喜愛時事政治、體育賽事……所以，在與他人交談時，所選擇的話題一定要依據交談對象的具體情況而定。

俗話說「酒逢知己千杯少，話不投機半句多。」我們之所以要選擇他人感興趣的話題與之交談，就是為了談話繼續下去。

只有說對方感興趣的話題，才能讓對方願意和我們交談，對我們產生好感。反之，當你說對方不感興趣的話題時，對方會覺得索然無味，從而喪失和你交談的興趣。

在與他人交談時，對方感興趣的話題既能滿足他的心理需求，又能讓自己得到繼續與對方交談下去的機會。所以，要記住，對方的興趣是你與他溝通的最好話題，更有利於你與所交談之人深交。

第二章
高情商讓熟悉變信任，
「聊」出你的好關係

在日常的交際應酬中，我們難免會遇到形形色色的人，

爲什麼有的人輕描淡寫幾句話就能處處受歡迎，

獲得他人的信任？

爲什麼有的人費盡口舌卻依然被對方拒之千里？

其實，這一切都源自高情商。

高情商的人不僅懂得攻心，

用最貼切的語言攻勢去打動對方，

還善於揣摩對方的意圖。

所以，高情商的人會特別受歡迎，

他們很容易贏得對方信任，

從而擁有良好的人際關係。

說話得罪人沒朋友，怎麼破

在人際交往的過程中，是否會說話決定了人緣的好壞。會說話的人，人緣普遍很好；而不會說話的人，不僅人緣不好，還容易一不小心就把人得罪了。

許多人在日常工作和生活中口不擇言，還認為自己的表達是沒有問題的，殊不知，在這種情況下很容易把人得罪了都不自知。要知道，不一定是起了衝突、惡語相向才是得罪人，有時候，我們的思路和表達出現了問題，也會讓對方心裡不舒服。

更重要的是，對方即使知道我們不是故意的，但是因為沒辦法攤開來計較，所以那些隱藏在心裡的不舒服也會慢慢發酵，致使對方變得更不舒服，久而久之，也就對我們敬而遠之了。

那麼，哪些說話方式會得罪人？對此，我們又該如何破解呢？

🗨 說話技巧

▪ 明明想安慰，卻總像是漠不關心

有時候，漠不關心也是對他人的不尊重，不尊重他人自然會得罪人。有些人在說話的過程中往往會犯一個很大的錯誤，那就是我們以為是安慰的話，可能在對方聽來就像是漠不關心。

比如，別人遇到困難的時候，我們說：「都是這樣的，我們是過來人，這又不是什麼大事」、「哪有人不出錯的，都一樣」這種降低事情重要性的言語，在我們看來是安慰別人，可是在別人看來就是漠不關心。這種不僅會適得其反，而且還會讓對方覺得我們是站著說話不腰疼，是在說風涼話。

　　那麼，我們應該怎樣避免安慰的話變風涼話呢？其實，我們在安慰別人的時候，最好把語言的重點放在人的身上，對於上面的情況，我們可以這樣說：「這件事對你而言確實蠻可惜的，我知道你付出了很多，這些大家都看得到」、「我知道你付出了很多心血，可事情變成這樣也不是你的錯」你看，同樣是安慰的話，這樣溫暖的話語就會比上面的合適很多，因為我們把重點放在人的身上了，就會顯得更有人性，更溫情了。

▪ 明明想關心，卻總像是指手劃腳

　　比如，有些人去朋友家做客時，看到房間有點亂就會說：「你家裡怎麼亂七八糟的啊？」也許我們想表達的是對朋友的關心，可說出話來卻像是指手劃腳、評頭論足。每個人都是獨立的個體，都有自己的生活習慣，這樣憑空的話只會讓對方覺得我們是在對他的生活指手劃腳，會讓對方覺得不舒服。

　　所有的指手劃腳，不管是正面的，還是負面的，都會讓對方覺得我們是高高在上的姿態，這種不平等的溝通方式，自然會引起對方的誤會，甚至得罪人。

那麼，我們應該怎樣表達才能避免指手劃腳呢？我們不妨在表達的時候以自己的感受為出發點，這樣會比較容易讓人接受。

因為前者是高高在上的命令，而後者是對自身感受的描述。在說話的過程中，只有平等的溝通才能既表達關心，又不會得罪人。

在戀愛中，有很多女生想關心男生，可說出來的話就是不對。如果換一種表達方式，對方的心情就會愉悅很多。比如，看到男生生病了不吃藥，我們不能說：「你怎麼回事，自己生病了都不知道吃藥嗎？」而應該說：「感冒好點了沒？吃藥了嗎？要記得吃藥，早點好起來。」

▪ 明明想委婉禮貌，卻總像是暗藏心機

如果有人在說話的時候暗藏心機，我們會是什麼感覺呢？肯定會覺得心裡不舒服吧，因為所有的人都不想在不知情的情況下被人利用。

比如，有人喜歡在即時通訊軟體上留言「在嗎？」、「你什麼時候有空？」等等，這些看似禮貌的話語，其實也會令人討厭。因為如果我們不是單純的問候，而是有事想請求對方幫忙，那麼對方一旦回答「在」、「有空」就不好再拒絕我們的請求了，而我們的委婉禮貌也就變成了別有用心。長此以往，人緣自然也就不好了。

所以，我們在求人辦事的時候，應該第一時間把事情說清楚，要辦什麼事，什麼地方需要幫忙，有哪些顧慮都要與對方講清楚。而我們直接問別人有沒有空，就是在思路上忽略了對方的想法。

　　每個人都不喜歡被「套路」，人與人之間幫忙也是正常的，只有我們大方地說出來，對方才好確定這個忙該不該幫。

　　也許有人說，這些都太麻煩了，只是說個話而已，為什麼要有這麼多的顧慮呢？再說又不是故意的，如果因為這點事對方就不開心，那就是他自己太小心眼了。

　　其實，說話的過程本來就是點滴累積、不厭其煩的過程，而那些特別會說話的人，並不一定是他們的口才有多麼好，而是因為他們的情商很高，懂得顧及別人的感受，他們在每說一句話前都要預先磨去鋒利的稜角，保證說出來的話讓人心情愉悅，不得罪人。

　　所以，所有的好口才都是用心包裝的，而那些懶得用心的人，在責怪別人小心眼的同時得罪人也就不奇怪了。

　　總而言之，高情商會說話的人，懂得什麼話能說，什麼話不能說，怎樣說才不得罪人，會根據對方的心理特徵說適宜的話，這樣才能保證自己不碰釘子、不失體面、不得罪人。

察言觀色，讓「弦外之音」助你聊到嗨

在現實生活中，高情商的人都具備一項重要的基本技能，那就是察言觀色。因為一個人的語言能透露出他的品性，一個人的表情、動作和神情能透露出他內心的真實想法。而我們可以透過這些「弦外之音」了解對方語言中的關鍵所在和內心真實的想法。

從心理學的角度來說，當人的大腦受到外界刺激時，會促使一些肌肉組織短時間內出現不受控制的現象。換句話說，就是我們的喜怒哀樂，不只是透過語言來表達的，更多的時候，它是透過我們的肌肉組織，也就是微表情來表達的。如果我們在交流時能邊說話邊察言觀色，就可以捕捉到這些微表情，然後透過這些微表情來獲取關鍵資訊，以便更好地交流。

有人說，察言觀色猶如「看雲識天氣」，是一門很深的學問，這是因為不是所有人都會喜怒形於色，更多的人往往是「笑在臉上，哭在心裡」。那麼，我們應該怎樣才能洞察對方的「弦外之音」，助我們聊到嗨呢？

說話技巧

▪ 性格和語言的定位

簡單地說，察言觀色就是捕捉對方在交流過程中的言談舉止和微表情，然後加以分析和判斷的過程，也就是由表及裡的過程。

那麼，我們在與對方交流的時候，首先要做的就是進行性格和語言的定位。

　　所謂性格定位就是對對方的言詞和行為舉止進行分析，並判斷出對方的性格類型。比如，我們可以談論一個敏感的話題，然後暗中觀察對方的反應，需要注意的是，觀察的時候一定要細緻入微，不能太過武斷。比如，有些人看悲情電影會淚流滿面，有些人卻沒有什麼反應，我們不能因為這些人沒有流眼淚就說他們沒有被感動，也許這一類型的人只是習慣隱藏自己的情緒而已。

　　因此，判斷和分析就顯得尤為重要，我們在了解對方的性格類型後，就能迅速捕捉到對方最能反映其內心想法的典型部位──眼、手、腿、腳等其他身體肌肉組織，而這些部位恰恰都是對方的語言特點所在。

　　其實，某些身體部位動作的含義我們也是很清楚的，比如，雙眉倒豎，二目圓睜就是發怒的表現；眉頭輕蹙，微微咬唇就是陷入思索的表現；而腿部輕顫，則更多的是表現內心的愉悅和悠然。

　　除此之外，我們還要多注意觀察對方的手部動作，雖然有些人也會把手部動作進行巧妙的掩飾，但一些習慣性的動作還是會「出賣」主人的。比如，生氣、發怒的時候雙手可能會發抖，或緊握雙手，或非常用力地捏住手上的東西，甚至將其捏壞；緊張的時候雙手會不知所措，無處安放，或不停地揉搓，

或不停地把玩手上的東西；思考的時候雙手會有節奏地敲擊某個地方，透過一些看似無意義的小動作來幫助其思考。

▪ 積極主動地探察

有些人以為察言觀色就是簡單的冷眼旁觀，其實不然。如果我們在說話的時候積極主動地探察對方的心意，就能幫助我們更好地察言觀色。一般來說，我們可以採取一些方式和手段來試探和激發對方的情緒，這樣就可以迅速、準確地判斷對方的思想脈絡。比如，我們可以用以下方法來進行探察：

（1）**閒談探底**：我們可以在進入正式的話題之前談一些輕鬆的話題，這樣既不尷尬，又可以在閒談中了解到對方的興趣愛好和習慣等基本情況。

（2）**韜光養晦**：當我們沒有了解對方真正的脾氣的時候，可以在不違反自身原則的情況下，先韜光養晦，等對方透露出更多的資訊後，我們再對症下藥，這樣對方才能對我們產生好感，更願意與我們說話。

（3）**施放誘餌**：所謂施放誘餌，是指我們在說話時有意無意地說一些對方感興趣的話題，然後透過對方的反應摸清對方的心理活動，找到語言特點。

（4）**激將法**：有時候，適當地使用一些刺激性的問題可以使對方自亂陣腳，失去對自我情緒的控制，從而暴露出更多的真實資訊。也可以故意做出高傲的姿態，以此來激發對方的情緒。

▪ 捕捉並抓住「決定性瞬間」

許多人都會掩飾自己的情緒，但是沒有人能做到滴水不漏，因此，能否從對方微妙的變化中捕捉到決定性的瞬間就顯得尤為重要。而那些自我控制能力超強的人，更不可能讓我們有足夠的時間去揣摩、去分析，所以，對我們來說最寶貴的就是時間。

而具體的決定性瞬間是因人而異、因地而異、因景而異的，所以並沒有固定的模式可循，我們可以憑藉當時的情況和個人的經驗、感覺來決定，做到具體情況具體分析。

總而言之，察言觀色確實是一門很有技巧的學問，要想好好說話就要學會察言觀色，要想成為一個察言觀色的高手，就要學會細心觀察，這樣才能把握時機，從對方無意間流露出來的表情和動作中了解到對方的真實想法。

看準時機，什麼都好說

看似普普通通的說話，其實也是有技巧可言的，想要把話說得動聽、好聽、對方又願意聽並不是一件簡單的事。在現實生活中，懂得把握時機說話的人並不多。有些人天生性急，總是習慣不假思索就脫口而出；而有些人又總是沉默寡言，該說話的時候不說，總抱著「沉默是金」的態度。

俗話說「話多不如話少，話少不如話好，話好不如話巧。」這也說明了說話是要講究技巧和時機的。高情商會說話的人都會看準時機再說話，哪怕說得再少也是字字珠璣；而不會說話的人，不管當時能不能說，對方願不願意聽，都只顧自己的意願說個不停。那麼，說這麼多話意義何在呢？

要知道，失足了，你可以馬上站起來；而失言了，或許你將無法挽回。

孔子在《論語‧季氏》裡說道：「言未及之而言謂之躁，言及之而不言謂之隱，未見顏色而言謂之瞽。」意思是不該說話的時候說話，叫急躁；該說話的時候不說，叫隱瞞；不看對方臉色貿然說話，叫瞎說，這三種說話的方式都是沒有把握正確的時機。

說話不是一個人的事，它是雙向的交流，它會受到各種因素的影響，比如說話的對象、說話的時間、說話的場合等等。

如果我們在說話的時候沒有考慮到場合和對方的心情等外在因素，就急於說話、信口開河，那麼就很可能會引起對方的反感。

　　一般情況下，我們所說的時機是由現況決定的，而現況又是由社會環境決定的，這就說明我們是以社會背景為基礎進行交流的。如果我們想要把握說話的時機，就要了解社會環境的變化及規律，比如，自然環境、心理環境和語言環境的規律及特點，只有了解這些社會環境後，才能更好地把握說話的時機。

　　對我們來說，自然環境是客觀存在的，心理環境和語言環境雖然是在說話的過程中產生的，但是它也是以客觀形式存在的。我們的交流不可能脫離社會環境而獨立存在，社會環境也不會以我們意志的變化而變化，因此，我們在說話時要保持與現況一致，這樣才能抓住說話的時機，達到我們說話的目的。

　　除此之外，我們在說話前還要先確定對方是否已經準備好，是否願意聽我們說話。否則，就算我們說得再精彩，也只是對牛彈琴而已，與其這樣，還不如保持沉默或是等待時機再開口。

　　陳穎的朋友經常向她抱怨：「每次丈夫下班後，想跟他說點事，他就很煩躁，沒有耐心聽我說，總認為我是拿芝麻綠豆的事去煩他。這不是大事，那也不是大事，那什麼才是大事呢？生活不就是由這些小事構成的嗎？」

　　聽完朋友的話，陳穎在一旁開導說：「你說的這個情況，我

深有體會，其實你只是沒有把握好說話的時機而已。你想想，你的丈夫上班累了一天，下班後拖著疲憊的身體回到家中，他只想好好地休息，吃一頓可口的飯菜。可是等他回到家，你一開口不是訴苦，就是抱怨或者告狀，這個時候他會有心情聽你說這些嗎？」

陳穎頓了頓，接著說道：「其實，你應該先把這些『苦』放到一邊，然後等你的丈夫吃過晚飯，休息片刻後再把家裡的這些瑣事說給他聽，這樣看準時機再開口，會比他一到家就開口效果好很多，說不定還能得到他的支持。」

從案例中我們可以看出，陳穎在說話時機的把握上是深有體會的，她不僅聰明睿智，而且也非常懂得說話的技巧。試想一下，如果我們每次都由著自己的性子，不管對方想不想聽，都一股腦地倒給對方，顯然是不行的，即使對方脾氣再好，也有容忍不了的時候。所以，我們在說話前一定要把握好時機，該出口時再出口。

那麼，我們在與別人說話時，又該如何巧妙地掌握時機呢？

💬 說話技巧

▪ 說話時要注意場合

我們說話時要注意看場合，不能不看場合就隨心所欲想說就說，這是不會說話的表現。

比如，我們想向主管彙報工作時，最好是選擇工作時間，如果選錯了時機和場合，那麼就算你彙報得再精彩，也會讓主管煩心，就更別提彙報效果了。

▪ 說話時要了解對方的心情

俗話說「出門看天色，進門看臉色。」而這個臉色並不是片面的臉部神色，還包括對方的心情。當對方心情好的時候，不管我們說什麼他都愛聽；當對方心情不好的時候，即使我們說得再好聽，他也不會喜歡。因此，我們在說話時要先了解對方的心情，然後再決定是否開口，如果對方心情不佳，那麼，我們等對方心情舒暢的時候再開口也不遲。

總之，適當地把握說話時機對我們來說是百利而無一害的，也是我們達成說話目的的必要因素。然而，現實生活中許多人都不懂得把握時機，總是想說就說，這樣就很可能會給我們帶來不必要的麻煩和遺憾。雖然說掌握時機也是一種直覺，但是我們只要掌握了以上技巧，透過慢慢的累積和磨練，同樣可以把握正確的時機。

高明附和，讓對方心甘情願地說下去

我們在與別人交流溝通時，除了要學會傾聽外，有時候也需要動一動我們的嘴巴，適當地附和對方。一方面表示我們在傾聽的過程中沒有走神，另一方面表示我們是在用心地聽對方講話，並認同對方的想法，這對對方來說也是一種鼓勵。

比如，當我們表示認同的時候，可以說：「這個方法真是太好了！」、「您說的很對！」、「我也是這麼認為的！」等等。用這些簡單的話語表明我們對對方的理解和支持，讓對方心甘情願繼續說下去。

除此之外，我們還可以適當地提出一些問題。這其實也是附和的一種，表示我們對對方說話內容的關注，用明知故問的方法，讓對方願意與我們繼續交流。

🗨 說話技巧

有一位老教授正在與門下的幾名學生閒聊，正好聊到自己當年讀研究所的事情，就感嘆道：「現在你們的生活和學習真的很豐富，校內有圖書館、體育館，校外有休閒館，不會那麼單調無聊。以前我讀研究所的時候，生活中只有教室、圖書館和宿舍，可謂是三點一線。」

學生們聽後都微微一笑，老教授接著說：「其實，三點一

線也好，這樣所有的精力都集中在了讀書上，沒有閒暇時間考慮別的問題，畢竟只有基礎知識扎實了，才能更好地做科學研究。我記得當時有一個選題，是關於青藏高原地質變遷的，為了這個選題，我不僅查詢了自然地理方面的書籍，還特意查詢了許多地質演變與生物演化方面的書籍，當時的科技沒有現在這麼發達，根本沒有電腦和電子文獻，所有的資料都要靠自己在紙本書籍上查詢，比你們現在做選題可是難多了！」

老教授說完，停了下來，喝了兩口茶。

這時，其中一位學生禮貌地問老教授：「教授，當年您研究的選題是青藏高原地質變遷的問題，為什麼還要涉及生物演化呢？據我所知，當時幾乎沒有人將這兩個方面結合起來思考，您是怎麼想到的？」

這位學生問完後，老教授滿意地點了點頭，然後笑著說道：「其實，很多時候，越是別人沒有想到的地方，才會越有收穫，這就是創新。我們來說個現成的例子，比如你現在研究的選題……」

然後，老教授非常耐心地幫助這位學生分析了他的選題，並給出了指導性的建議，而其他幾名只知道傾聽，沒有附和老教授的學生就沒有得到老教授的專門指導。

有時候，附和也是一種讚美，它能讓我們更好的理解對方說話的內容，幫助我們縮小彼此的差異，從而改善我們彼此交

往的關係。要知道，我們在傾聽的過程中可以了解到對方的喜怒哀樂，可以把對方的優點和缺點都看得清清楚楚，這樣我們才能更好地用附和的方式把我們的想法傳遞給對方，讓對方知道我們是在用心地與其交流。

　　適當地附和有利於我們表達自己的思想和情感，讓對方了解我們內心的想法，這樣才有利於交流的繼續進行，進而達到說話的目的。比如，我們和朋友交流時，如果能高明地附和對方，就可以促進彼此之間感情的加深，然後引發情感的共鳴，有利於友誼的昇華。

　　但是，需要注意的是，附和並不等於隨意插話。在現實生活中，有一些人性格比較急躁，自以為理解能力超強，因此，每次不等別人把話說完就急於插話，還自認為是高明的附和。殊不知，這種情況下，不僅會錯誤地理解對方的意圖，而且也是極不禮貌的行為。所以，我們在說話的過程中，如果想要愉快地交流下去，就要學會高明地附和，讓對方心情愉悅，心甘情願地說下去。

恭維的話怎樣說，才不是拍馬屁

不是所有恭維的話都會讓人喜歡，如果恭維的話說得不到位，就只會適得其反。因此，我們在恭維他人時要考慮到場合、對象和語言等細節因素，否則說再多好聽的話，都只是徒勞。

這就好比吹氣球，如果吹得太小，就不飽滿；如果吹得太大，就有爆破的可能。同樣的道理，恭維他人也要掌握一個尺度，只有恰如其分地恭維才能讓我們的交流更融洽。

那些高情商的人在說話的時候會把恭維的話說得恰如其分，這樣不僅對方聽了舒服，而且也不會太掉身價，所以，把恭維的話說好也是一門學問。恰如其分的恭維是在對方優點及長處的基礎上予以肯定，否則一不小心就變成了拍馬屁、刻意討好。

那麼，恭維的話究竟要怎樣說，才不是拍馬屁呢？

💬 說話技巧

如果我們在聚會上發現有人歌唱得不錯，那麼千萬不要說：「哇，真是太動聽了，這是我聽過最動聽的歌聲了。」這樣的恭維，只會讓對方覺得我們太假，太浮誇。但是如果我們說「你今天這首歌唱得很不錯，別有一番風味」，那麼對方就一定會很高興。

只有恰如其分的恭維，才能讓對方感覺舒服，而溢於言表的浮誇，只會讓引起對方的反感。我們可以把對方的優點作為恭維的基礎，只有基於事實和優點的恭維才顯得更真誠。

　　適當的恭維可以拉近彼此之間的距離，而過度的恭維只會讓對方認為我們很虛偽，認為我們之所以恭維他們，是因為我們有所圖、有所求。

　　假如我們要恭維的對象是一位老師，那麼可以這樣說：「聽說您的學生 ××× 現在是當紅的簽約作家了，不愧是您的得意門生，真是名師出高徒啊！」因為，對一個老師來說，最恰當的恭維莫過於對老師說「您教過的學生在社會上真優秀」。

　　如果我們要恭維一生默默無聞，將自己的孩子培養成高材生的母親時，我們可以說：「您真是有福氣，孩子這麼優秀，這麼有出息。」因為她一生都在為孩子奉獻，並以孩子為榮，因此稱讚她的孩子就是對她最大的恭維。

　　當我們和長輩說話時，可以多稱讚他們引以為傲的過去，因為他們總是希望別人記住他們當年的業績和風采。

　　假如我們說話的對象是年輕人，那麼我們不妨稱讚他們的開拓精神和敬業精神。比如，「年輕人就是不一樣，敢想、敢做、敢打拚，這股闖勁確實讓人敬佩，前途不可限量！」

　　對於商人來說，生意興隆這樣的恭維太過空泛，我們要把恭維的話落到實處，可以稱讚他的頭腦靈活、勤奮努力或是具

有商業天賦等。

恰如其分的恭維不僅可以錦上添花，而且還能雪中送炭。比如，公司有一位非常普通的員工住院了，主管在探望時說：「以往你在公司的時候，感覺不到你做了多大的貢獻，現在你住院了，感覺所有的事情都亂了套，你可要快點好起來呀！」你看，主管的這番話既是讚美又是對員工工作的肯定，可謂是錦上添花了。

上面這些恭維都是恰如其分的恭維，是讓人心情愉悅的恭維，反之，如果我們對一個上了年紀的婦女用「天真活潑」、「單純善良」等詞，就明顯不合適了。

每個人的年齡、地位、性格、喜好都是不一樣的，我們在恭維他人時，要因人而異，並用符合對方心意的方式來恭維，這樣才能造成恭維的效果。

除此之外，恭維的話一定要尊重事實，符合實際情況。比如，去別人家拜訪時，稱讚別人的房子前最好根據房間的裝潢風格，猜測對方的喜好，可以說房子的裝潢別出心裁，很有品味等；如果對方是愛狗之人，我們也可以誇獎他的狗可愛、聽話等等。

總而言之，恭維並不是單純地說好話、拍馬屁，而是用恰當的語言來讚美對方的亮點，高情商、會說話的人往往很會發現對方身上的亮點，總能把恭維的話說到對方的心坎上。只有

這樣才能達到恭維的最佳效果。如果不能把話說到對方的心坎上，那麼在對方看來，我們所謂的恭維就顯得拙劣不堪。

　　所以，我們在恭維他人時，一定要把握恭維的分寸，切不可虛情假意，過度恭維。有時候，過於華麗的辭藻，反而會引起對方的不自在，甚至會讓對方認為我們是在拍馬屁。要知道，只有將恭維的話說得恰如其分才是最合適的。

會不會說話，就看你是否懂得換位思考

許多人在說話時都會存在這樣一個問題：總是習慣站在自己的角度去思考問題。如果我們在說話的過程中學會換位思考，站在對方的角度去思考問題，那麼結果又會如何呢？

我們可以從下面的小故事中，了解到說話時換位思考的重要性。

有這樣一對夫妻，丈夫每次在開車的時候，妻子就在一旁喋喋不休，不是講公司每天發生的瑣事，就是說同事之間的八卦，或是指導丈夫怎樣開車，恨不得把所有的事都倒到丈夫的耳朵裡。

而丈夫一般都是開著車一路默默無語，其實，丈夫的內心也很煩躁，他希望妻子能保持安靜，不那麼聒噪，但又害怕直接提出來會影響夫妻感情。於是每天只好隱忍，集中注意力開車。

有一天，妻子正在廚房做飯，丈夫來到廚房後，就在妻子的旁邊不停地嘮叨：「油太多了，少放一點，健康」、「放點醋吧，去腥的」、「快點，快點，菜要燒焦了！」

妻子脫口而出道：「你快出去吧，我知道怎麼炒菜，不用你指手劃腳。」丈夫聽後也沒有生氣，而是非常平靜地對妻子說：「其實我只是想讓你明白我的感受，當我在開車的時候，你一直

喋喋不休，我是什麼樣的感覺。」

後來，丈夫開車的時候妻子再也沒有過多地嘮叨，而是安靜地坐在一旁，讓丈夫專心地開車。

其實，人與人之間想要更好地理解對方，就要學會換位思考，多站在對方的立場去思考問題，這樣才能在交流的過程中贏得對方的好感，讓對方向我們敞開心扉。

那麼，我們要怎樣換位思考才能開啟對方的心扉呢？以下幾點說話的技巧可供大家參考：

💬 說話技巧

▪ 充分理解對方的感受

所有人在內心深處都希望得到別人的理解，如果我們在交流的過程中能充分理解對方的感受，那麼對方就會對我們心存感激，這樣就可以增進彼此之間的感情，促進進一步的交流。要知道，「理解能產生良性作用」這話確實不假。

學會換位思考的前提就是充分理解對方的感受，只有對方感覺到自己被理解了，才能敞開心扉，願意繼續交流下去。

▪ 從對方的角度去思考問題

我們能否與對方很好地交流下去，其中最重要的因素就是我們是否懂得設身處地地從對方的角度去思考問題。

在與對方交流的過程中，我們要經常問自己：「假如這件事

情發生在我身上，我又該怎麼辦呢？」當我們思考這個問題的時候，就會從對方的立場去分析，也就能更好地了解對方的所思所想。而且當對方知道我們設身處地地從他的角度思考問題時，也會感受到我們的真誠，並願意與我們進一步交流。

需要注意的是，換位思考的前提是用心傾聽，切記不要隨意打斷對方的話，更不要在別人說話的時候東張西望、左顧右盼或是心不在焉地敷衍對方。如果我們是在這種情況下與對方說話，那麼就很難達到說話的目的。要知道，專注力是影響說話的關鍵因素之一，當我們用專注的神情與對方說話時，對方會回以同樣的專注，這樣彼此之間才能保持交流的熱情。

▪ 客觀地評價對方說的話

我們要在說話的過程中，適當適時地對對方說的話予以客觀評價，因為這才是交流中換位思考的特徵。

然而，在現實生活中，有一些人總是習慣用不公正的想法，甚至用道聽塗說的片面資訊去評價他人，那麼必定會影響彼此之間的正常交流。我們在與對方說話時，切記不要妄自揣摩，更不可斷章取義，而是要透過分析後給出客觀的評價，這樣才能保證良性交流。

要知道，換位思考可以讓我們的人際關係變得更融洽、更和諧，也可以讓我們更好地處理生活中的挫折和煩惱；換位思考可以讓我們多一些理解和寬容，也可以拉近彼此之間的關

係。所有的一切都是從換位思考開始的。

　　換位思考還可以增強團體的凝聚力，許多人認為合作只要注重團體精神就夠了，其實不然，在團體中也需要換位思考，特別是當我們與團體成員意見不統一的時候，此時，換位思考就顯得尤為重要了。

　　所以，我們在說話的時候，要學會換位思考，站在對方的角度去看待問題、思考問題，這樣才能更理解、更寬容對方。當我們與對方真誠相待，達成共識的時候，就是對方向我們敞開心扉，產生信任的時候，這就是高情商的人會說話的祕訣。

不會安慰，還不如不說話

在生活和工作中，我們難免會遇到閨蜜失戀、好朋友失業、家人事業不順、同事業績不理想等各種情況。此時，作為朋友、家人、同事的我們，如果確實在行動上幫不了什麼忙，那麼我們還可以給予他們言語上的安慰。

但是，我們真的會安慰人嗎？還是只會適得其反呢？許多人在安慰他人時會出現這樣的問題：我們能理解對方的感受，也替對方感到難過，可是當我們想安慰對方時，卻發現不知道該說什麼，怎麼說才能減輕對方的痛苦，甚至有些人還會說出一些不當的言詞，引起對方的反感。

比如，有一個閨蜜向我們抱怨：她的父母一直在催婚，說自己是嫁不出去的剩女，每天都很痛苦。此時，如果我們對閨蜜說：「是啊，你的情況確實讓人挺著急的，如果生病了都沒有人照顧你……」然後露出同情的眼神。瞧，這就是不會安慰人，如果是這樣的安慰，那還不如不說。

此刻，閨蜜需要的不是我們的同情，上面的安慰語言只會讓她更難過。面對這樣的情況我們可以說：「天啊，如果你是嫁不出去的剩女，那我該怎麼辦？如果到了三十我還沒有嫁出去，我感覺天都要塌了……」雖然這樣說沒有給予閨蜜實質上的幫助，但是可以把話題轉移到自己的身上，讓閨蜜有同病相憐

的感覺，說不定，閨蜜反倒要來安慰我們了。

再比如，婷婷說她男朋友的媽媽生病了，男朋友每天都忙裡忙外，很辛苦，看著男朋友焦頭爛額的樣子，她很想安慰，卻不知道該怎說，每天只會對男朋友說「別著急，會好的」、「不要太擔心」之類的話，這讓她有些不知所措。

接下來，我們來看一看下面故事中的漁夫是怎樣安慰他人的。

有一天傍晚，一位年輕的婦女投河自盡了，正好被在船上捕魚的漁夫救了起來，上岸後，漁夫問婦女：「好好的，有什麼事情想不開，要這樣草率地結束自己的生命？」

婦女一直在哭泣，很是傷心，邊哭邊說：「我才結婚一年，丈夫就喜新厭舊拋棄了我，另娶他人，我的人生已經沒有希望了，我活著還有什麼意思？」

漁夫說：「我想知道你一年前是怎樣生活的。」

婦女的思緒一下子回到一年前，她的臉上漸漸露出笑容：「一年前的我還沒有結婚，生活得很開心，對生活也是充滿了希望。」

漁夫說：「我可以這樣理解嗎？現在的你和一年前的你情況是一樣的，都是自由之身，你只是被時光機送到了一年後，仍然可以無憂無慮地生活呀！」

婦女想了想漁夫的話，幡然醒悟，頓時心中又燃起了對生活的希望，她向漁夫謝過救命之恩後就再也沒有尋過短見了。

故事中的婦女由於太過悲傷而失去了對生活的希望。漁夫讓婦女回憶過去是幫助她找回曾經的美好和快樂，這種巧妙的安慰方式，不僅點燃了她對生活的希望，而且還挽救了她的生命。

實際上，巧妙地安慰他人，確實是一個專業技術，但是如果能掌握一定的安慰技巧，不僅可以造成安慰的作用，而且還能讓人心生好感，下面我們就來看看有哪些安慰他人的技巧。

💬 說話技巧

▪ 用心傾聽

其實，當對方心裡難過、痛苦的時候，對方不需要我們講一大堆的道理，而是想要一個發洩的管道，希望透過這種方式來發洩心中的苦悶。然而，許多人在安慰他人時都犯了這樣一個錯誤：滔滔不絕地向對方講一大堆的道理。其實，這一步就已經走錯了，這種安慰的方式不會造成很好的作用。

所以，當對方需要我們安慰的時候，我們只需要引導對方表達自己的情感和傷痛，然後用心地傾聽和陪伴就可以了。只有這樣，我們才能在對方的訴說中了解其內心真正痛苦的根源，然後「對症下藥」。

▪ 學會換位思考

如果我們能用心傾聽，就可以做到真正的感同身受，這種換位思考的方式，可以讓我們在思想上和理解能力上感受到對

方的痛苦，從而走進對方的內心。這樣我們才能在感同身受的基礎上提出更好的建議，造成真正的安慰作用。

▪ 認可對方的痛苦

有些人在對方需要安慰的時候會說這樣的話：「你看，人家某某上個月跟你的情況是一樣的，別人就沒有你這麼脆弱啊。」其實，這種安慰的語言是一種錯誤的安慰方式，表示安慰的人沒有認可對方的痛苦。

每個人對負面情緒的承受能力、理解能力和消化能力是不一樣的，也許我們認為很小的打擊，在對方看來就是一次重擊。其實，不管打擊是大還是小，我們在安慰他人時都要無條件地認可和理解對方的痛苦，讓對方覺得你是理解他的。

▪ 運用適當的肢體語言

從心理學的角度來說，當一個人非常傷心的時候，適當的肢體語言可以給對方一種安慰，比如擁抱、握手等等。我們在安慰他人時，可以在適當的時間，運用適當的肢體語言傳遞給對方一種無形的力量，讓對方覺得自己是有依靠的。此時的擁抱可以說勝過千言萬語。

總之，我們在安慰他人的時候，要做到不打擊、不評判，去認可、去接近，用語言的力量或者其他方式給予對方依靠，讓對方明白並感知我們願意為其做力所能及的事情，會比「別擔心」、「沒事的」這些看似安慰的話更讓人窩心。

哪怕是批評，也要給足對方面子

現實生活中沒有人會喜歡別人批評自己，因為「忠言逆耳」，可是大多數情況下我們都對自己的缺點或錯誤察覺不清，因為「當局者迷」。我們經常看到，一個人好意地提出對方的缺點或錯誤並試圖勸說對方時，對方反而很不高興，甚至會特別反感，這是因為批評者沒有用對方法。

如果我們在批評對方時，使用的方法得當，那麼不僅可以讓對方接受我們的觀點，而且還能幫助對方改正原來的缺點或錯誤的觀念。反之，如果我們在批評對方時，使用的方法不當，那麼不僅會讓對方覺得委屈，而且還會使彼此之間陷入尷尬、難堪的境地。

每個人都有自尊心，公開批評對方的錯誤就是傷害對方的自尊心。法國文學家伏爾泰（Voltaire）曾說過：「自尊心是一個膨脹的氣球，戳上一針就會引發大風暴。」因此，為了維護對方的自尊心，我們要選擇恰當的批評方式，以免駁了對方的面子，引起對方的不悅。

幾乎每個人都會犯錯，甚至會在一些公開的場合犯錯誤，那麼當我們面對這樣的情況時，應該怎樣處理呢？是當眾指出對方的錯誤？還是選擇不公開，私下指出呢？情商高、會說話的人往往會選擇私下指出對方的錯誤，而不是當眾指出。

尤其是當對方犯的錯誤比較嚴重時，我們更應該私下指出，給足對方面子，因為只有私下心平氣和地指出才能讓對方心悅誠服地接受。

💬 說話技巧

　　其實，在現實生活中，批評者與被批評者的角色多發生在地位不平等的人之間，例如，上司與下屬之間，老師與同學之間等等。那麼在這種角色之間指出錯誤時也要公開批評嗎？答案是否定的，不管在什麼情況下，在什麼角色之間，批評時都要給足對方面子，選擇不公開的方式批評，這樣不僅能維護對方的自尊心，而且還能達到更好的效果。

　　張老師對於批評就很有一套。在她的班上有一位女同學，學習成績十分優秀，可有一段時間這位女同學只要看到別的同學比她考得好，心裡就很不平衡，總是對比她考的好的同學冷嘲熱諷，就連對老師也缺乏應有的禮貌。

　　張老師觀察了這位女同學一段時間後，就用即時通訊軟體私下與女同學聊天，並直言不諱地指出她的問題，鼓勵她繼續努力。對此，女同學很感激張老師沒有在公開的場合對她進行批評。後來女同學調整了心態，成績越來越好了。

　　還有一次，張老師在巡班的時候發現有位男同學對著其他同學罵髒話。對此，張老師也沒有急著批評，而是私下把他請到辦公室，告訴男同學當時沒有當著全班同學的面批評是因為

尊重他，不想讓他難堪，希望他從此以後改正這個錯誤。後來這位男同學不僅承認了自己的錯誤，還向同學道了歉。

在日常的教學中，張老師都是用這樣的方法來指出學生的錯誤的，因為顧全學生的面子，所以學生並沒有覺得難堪，都想著努力改正錯誤。對於張老師的做法，校長是這樣評價的：「在教育中最關鍵的就是用心，張老師連批評都是如此用心，教學就更用心了。」

從案例中我們可以看出，張老師的學生之所以接受她的批評，正是因為張老師深諳批評之道 —— 不公開批評對方的錯誤，給足對方面子。這樣做就不會傷害對方的自尊心，既顧全了面子，又指出了錯誤。要知道，當眾指責對方的錯誤，只會適得其反。

情商高、會說話的人都會私下指出對方的錯誤，並給出合理的建議，幫助對方改正錯誤。此外，他們也會肯定對方的優點以及做得好的地方，以免對方喪失信心。

其實，大多數的錯誤都是無心之過，不是刻意為之的。所以，我們為何不私下指出，給對方一個改正的機會呢？

當別人犯錯時，我們可以先問問自己：此時當眾發火指出他的錯誤，真的是最好的解決辦法嗎？我們不難發現，除了生氣以外，我們還傷害了對方的自尊，傷害了彼此之間的和氣，並沒有解決實質的問題。因此，我們何不心平氣和地私下

指出呢？這樣既能尊重對方，又能贏得對方的尊重，何樂而不為呢？

我們都知道，生氣的時候是最難控制自己情緒的，也是展現我們素養高低的時候。要想成為情商高、會說話的人，不是光靠拍馬屁就可以的，有時候更多的是需要忍耐，需要控制好自己的情緒，特別是在生氣的時候。如果我們在怒火中燒的時候還能想到對方，顧及對方的面子，那麼我們的寬容和大氣會讓我們的人緣越來越好。

總之，我們在批評別人的時候，一定要給足對方面子，私下指出，並用委婉的語氣告訴對方，這樣對方才更容易接受。也正是因為用這種不公開的方式批評，才會讓對方覺得你給足了他面子，那麼他在感激之餘自然會改正自己的錯誤，反之，就達不到批評的目的了。

懂幽默的人，知道為自己的談話加點料

　　幽默是一種人生態度，是一種生活智慧。幽默的人擁有樂觀、豁達的人生態度，他們可以用一種輕鬆的態度來表達嚴肅的問題。懂幽默的人，知道為自己的談話加點料，因為他們知道，幽默才是調節說話氛圍的最佳「調味料」。

　　情商高、會說話的人都懂得用幽默的語言為自己的談話加點料，不管在什麼情況下，幽默的人都能擁有很好的人緣，得到大家的認可和支持。有時候，幽默還能很好地反駁他人的攻擊，維護自己的尊嚴，所以，如果我們想要成為一個受歡迎的人，幽默就是我們的必修課。

　　我們說話的目的，就是為了讓對方接受自己，否則說再多的話都沒有意義。那麼我們要怎樣讓對方心甘情願地接受我們呢？最好的方式就是，在說話的過程中適當運用幽默來為自己加點料，要知道，一句幽默的話不僅能迅速地縮短彼此之間的距離，而且還能巧妙地化解矛盾和尷尬。

　　在生活中，我們難免會碰到與人爭吵或是意見不合的時候，如果雙方都是劍拔弩張的狀態，那麼必定會發生激烈的爭吵，導致難以收場，如果用幽默的方式去解決，那麼結局就會大不相同。

　　有一位顧客，在一家餐廳點了一隻澳洲大龍蝦，可是當龍

蝦上來的時候，顧客發現這隻龍蝦只有一隻螯，於是顧客讓餐廳的經理過來，指著龍蝦對經理說：「我很想知道為什麼這隻龍蝦只有一隻螯。」

經理連忙解釋道：「先生，不好意思，您知道的，龍蝦這種生物非常好鬥，您的這隻龍蝦可能是與其他龍蝦爭鬥的時候被鉗掉了一隻螯。」這位顧客聽完後，並沒有亂發脾氣，而是順著經理話說道：「如果是這樣的話，你幫我換一隻吧，我想要那隻打了勝仗的龍蝦。」

經理聽後，微笑地同意了顧客的要求。

你瞧，上述案例中的兩個人就是以一種幽默的方式表達了自己的意願，這樣不僅避免了可能會出現的爭吵，而且還達到了自己的目的。

眾所周知，鄰里之間最容易因為噪音而產生矛盾和爭吵了。接下來，我們來看看下面的這位男士是如何用幽默來機智化解矛盾的。

有一位男士，他的鄰居非常喜歡聽音樂，而且常常喜歡把音量調到最大。有一天，這位男士實在是忍受不了了，於是拿起一把錘子就來敲鄰居家的門，笑著說：「我覺得你家的電腦音響可能是壞了，聲音太大了，要不然我來幫你修一修吧。」

鄰居先是一愣，然後明白了，連忙向他道歉說：「不好意思，聲音是大了一點，我以後會注意的。」這位男士也說：「我

也應該向你道歉，你可千萬別告訴警察，說我把凶器都帶來了。」說完，兩人哈哈大笑起來。從此以後，兩人再也沒有因為噪音的問題出現矛盾了。

案例中的男士在遇到矛盾的時候，沒有直接指責鄰居的不是，而是用幽默的說話方式讓鄰居意識到問題出在哪裡，這樣就可以避免鄰里之間的衝突和爭吵了。

在日常生活和工作中，幽默不僅可以淡化人們的負面情緒，緩解緊張的說話氣氛，而且還能給自己和他人帶來喜悅和希望，為我們的談話增添神奇的功效。但是，我們在運用幽默的方式說話時，也要注意以下幾個問題。

💬 說話技巧

▪ 幽默的目的

要知道，我們用幽默的方式說話，其目的是讓對方愉悅地接受我們所說的話，而不是單純地愉悅對方。

例如，有一位先生在競聘某俱樂部主席的位置時，為了取悅聽眾，一口氣講了二三十個笑話。聽眾都被他的笑話逗得哈哈大笑，就連他下臺時都有人高呼：「再來一個！」他認為自己的表現很棒，贏得了聽眾的喜愛，可沒想到最後竟然落選了。

這樣的結果讓他百思不得其解，直到有一位聽眾對他說：「你的笑話講得真不錯，以後可以考慮做一個喜劇演員。」他才

明白自己落選的原因，不是因為他不夠幽默，而是他把幽默的目的弄錯了。幽默不是為了博得對方的笑聲，而是為了讓對方更好地接受自己的話。

▪ 幽默的內容

有一些人在說話的過程中為了取悅他人，常常用低俗、不雅的段子作為幽默的內容，為的就是博君一笑。雖然這種粗俗的幽默也能讓對方暫時一笑，但是過後只會讓對方看不起，因此，幽默的內容可以通俗，但是不能低俗。

而真正高情商的人的幽默不僅展現在說話辦事中，更展現在幽默的內容中他們的幽默內容高雅，不刻意討好，是真正能給人啟迪的。

▪ 幽默要分清對象

在現實生活中，我們每個人的性格都不相同，每天的心情也不盡相同，所以對幽默的承受能力也是有差異的。有些幽默不是所有人都會喜歡的，因此，我們在用幽默的方式說話時，一定要分清對象，切不可一概而論，一定要根據對方的實際情況開口。

▪ 幽默要分清場合

有時候，幽默也要分清場合，特別是在一些嚴肅、莊重的場合，就不適宜用幽默、開玩笑的方式講話。比如，比較重要的會議、醫院、葬禮等嚴肅的場合。

▪ 幽默的態度要友善

我們用幽默的方式說話，是為了讓對方更好地接受我們所說的話。如果我們在幽默時用友善的態度與對方說話，那麼即使是對別人的反擊，也能在愉悅中達到自己想要的效果；如果我們在幽默時一味地挖苦、諷刺對方，那麼對方不僅不會接受我們所說的話，而且還可能會對我們產生怨恨。因此，我們在使用幽默的語言時一定要注意態度要友善。

總而言之，我們在運用幽默的語言時，除了要注意以上幾點技巧外，還要注意心態要放鬆，不要有太多的心理負擔。要知道，在說話時如果有幽默感，就是錦上添花；如果沒有也無傷大雅。

第三章
說服談判有理有據，
讓對方的問題變成沒問題

說服，在人們的日常生活中越來越廣泛地得到運用。

想讓對方對你闡述的觀點或建議心悅誠服地接受，

你就要仔細觀察、認真揣摩，

採取最適宜的方法與技巧去打動對方、說服對方，

也只有技巧運用得好，

你的說服才能行之有效，事半功倍。

虛實結合巧應對，真作假時假亦真

人與人之間交流，最主要的溝通方式就是說話。說話，看似簡單，人人都會，可是要想在與人溝通的過程中合理地說服他人，表達自己的想法與觀點，這其中就要運用到一個很重要的說話技巧 —— 虛實結合。

所謂虛實結合，就是把一些抽象的說法與現實中具體的描寫有效地結合起來，抑或是把現實生活中的描寫與之前的回憶、想像結合起來的一種說話方式。

例如，在某些場合、某些人面前說話時，由於一些特殊原因或需要，在回答他人提出的問題時，我們不想明確回答但又不好意思拒絕時，就可以虛與委蛇，用一種貌似詳盡、實則內容空洞的話來回答對方的提問，虛實結合說出自己的想法。

大千世界，芸芸眾生，每個人的性格特徵都是不同的。有的人性格急躁，說話時恨不得速戰速決，三言兩語就表達出自己的想法，希望立刻說服他人同意自己的觀點；有的人說話慢慢吞吞，故意拖延卻又事無鉅細地表達自己的想法，生怕有什麼遺漏沒有表達清楚。毫無疑問，他們都是想用這樣的說話方式來達到成功說服他人的目的。

殊不知，過早亮出自己的底牌和盲目拖延的戰術都不能有效深入對方的心理，達到成功說服他人的目的，反而會暴露自

己的想法，讓對方輕而易舉就看穿你的小伎倆。因此，我們只有虛實結合，給對方營造出一種撲朔迷離的神祕感，在吊住對方胃口、提起對方興趣的同時，再猶抱琵琶半遮面，虛實結合說出自己的想法，方有可能更好地說服對方，讓對方無話可說。

中國光大集團首任董事長王光英，1983 年到香港創辦光大實業。有一次，他剛下飛機，便有一大群記者蜂擁而至想要採訪他。其中一名女記者問：「請問你這次來香港創辦公司，帶了多少錢來呢？」這名女記者想要故意刁難他，於是便問了這樣一個問題。

王光英沒想到女記者在大庭廣眾之下會問出這樣的問題，先是一驚，隨即便面帶微笑地說：「公眾場合，對女士不能問年齡，對男士不能問金錢。小姐，這是基本常識，你可要記住了哦！」

那位女記者本想讓王光英難堪，可沒想到反而被對方將了一軍。而王光英的回答也讓在場的其他記者哈哈大笑起來。這機智而又虛晃的回答，不但讓他自己擺脫了窘境，還因此給人留下了良好的印象，同時也給他即將創辦的光大公司免費做了廣告。試問，有這種從容不迫、不慌不忙、應對自如的創始人企業家，你還有什麼理由不相信這家公司會日益光大起來呢？

虛實結合巧應對，真作假時假亦真，瞧，這就是虛實結合最好的說話方式了。不管是在日常的說話中，還是在一些重要場合的談判中，想要有效說服他人，我們就要採取虛實結合的

說話方式。其實，這也就相當於給對方擺起了迷魂陣，讓對方對你所說的話無法驗證真假，因此，對方只能無可奈何地去接受這種似是而非的回答，而我們也可以藉此說出自己的想法。

雖然在某些特殊場合下，難免會碰到對方故意找碴、刁難的情況，可能一不小心就會掉進對方預先設定好的語言陷阱裡，但別著急，這種情況下我們依然可以採用以虛對實、虛實結合的方法來應對，真真假假，真假難辨，不僅回答了問題，同時又不至於讓雙方的交談氣氛變得尷尬。

🗨 說話技巧

那麼，我們要怎樣才能做到虛實結合呢？不著急，相信下面的方法可以幫到你。

虛實結合的特點就是：對方的提問有虛有實，讓人無法辨別真假；但我們的回答也可以以實對虛或以虛對實，同樣也讓對方無法辨別真假。

不管是哪個「實」，我們都可以靈活掌握、自由發揮。總之，在表達「實」的時候應根據具體情況具體分析，以一種對方無法驗證的「實」呈現在對方的面前。

曹雪芹在《紅樓夢》一書中曾說過這樣一句話：「假作真時真亦假，無為有處有還無。」其意思是說，當人們把假的當成真的來看待，把沒有的說成有的，那麼最終結果就會讓人誤以為假的比真的還要真實。

同理，虛實結合，二者相輔相成、缺一不可，形成一種虛中有實、實中有虛的境界。因此，在與人交流的過程中，我們要想達到說服他人的目的，就必須虛實結合，給人營造一種真假難辨的假象，這樣才能更好地表達出我們的想法。

引入第三方話題，讓「尬聊」和你說拜拜

　　說話人人都會，卻並不是每個人都能把話說得恰到好處並引起對方的興趣。通常，我們在與人說話時，由於不太熟悉或不太了解交談的對象，以至於在說話時沒能掌握分寸，而導致在談判或者說服他人的過程中，一不小心就將話題引入了死胡同，出現尷尬的冷場情況。

　　那麼，遇到這種情況時，我們要如何做才能不陷入「尬聊」的境況中呢？其實，在適當的時候引入第三方話題，就是一個不錯的聊天方式，可以讓「尬聊」和你說拜拜。

　　什麼是第三方話題呢？就是對交談雙方來說都無關緊要的話題。比如，

　　「聽說，最近 ×× 明星要來開演唱會哦！」

　　「週末天氣不錯，挺適合外出郊遊的！」

　　「×× 家的衣服新品上市，打八折呢！」

　　引入第三方話題，也就是我們通常所說的沒話找話說，但前提必須是能讓對方接下去的話題。人與人之間溝通，最主要的就是以話題為開端，一個能引起對方興趣，又能讓對方進行更深一步探討的話題，才能讓交談的雙方縱情暢談。畢竟，交談的雙方若沒有一個好話題，談話一旦陷入尷尬，是很難順利進行下去的。這種情況下，我們就可以巧妙地引入第三方話

題，將死局變活局，將交談的氣氛快速活躍起來。

例如：

Ａ：最近新上映的一部電影不錯，徐崢演得非常到位，演技又提高了不少。

Ｂ：哪部電影呀？

Ａ：就是前段時間很紅的《我不是藥神》啊，這部電影口碑和評分都非常不錯。

Ｂ：哦，這個啊，我正打算週末約朋友一起去看呢！

引入第三方話題的最大特點就是靈活運用，而且還可以從第三方話題中衍生出更多的話題，比如，興趣特長、家長裡短、時尚八卦等等。就好像每個人的興趣愛好不同，且包含的範圍也比較廣泛；而家長裡短的情況更是大相逕庭；另外，時尚八卦每天也會不斷變換新花樣，這都可以作為第三方話題。

所以，這樣的話題是最容易讓人接話的，同時也是最不容易導致冷場的。就簡簡單單一句：你平時喜歡吃什麼菜？就 OK 了。看，這樣的第三方話題是不是很容易讓人接住，又讓對方感覺親近呢？

如果我們能巧妙地接上對方丟擲的第三方話題，就可以將談話很順暢地進行下去，而且還能與對方交談甚歡。下面這個案例就很好地展現了這一點。

陳女士因身體不適到醫院看病。在病房打點滴時，鄰座一

位帶著孩子打點滴的大姐很是熱情與健談。看到陳女士一個人，大姐便主動關切地詢問她：「大妹子，你這是怎麼了？」

「噢，我就是感冒了，有點發燒。」陳女士回答。

「聽口音你不像是這邊人，你老家是哪裡？」

「我是河南的。」

「河南，那和我還是老鄉呢，我是河南南陽的。」

「真巧，在異鄉還能碰到老鄉。」

「那您在哪裡上班呀？」

……

一來二往，陳女士便與鄰座的大姐親切地交談了起來，等到打完點滴要分手時，兩人已經非常熟悉了，還互留了連繫方式，相約下次有機會到對方家裡做客呢！

俗話說「道不同，不相為謀」。說話時，只有雙方志同道合，才能進行愉快的交談。在與人說話或談判時，我們要想與人產生一見如故的感覺，就要從「故」字上面多下功夫。尤其是在面對一些點頭之交的朋友時，我們在說話的過程中，更要適當地表現自己，製造一些讓對方了解自己的機會。畢竟交談是一個相互的過程，我們要互相了解才能快速地拉近彼此的距離，增加成功說服對方的機會。

通常來說，熟悉的事物是最能喚起人們心底那份懷舊感的。

如果我們在與人說話或談判時，能根據對方的過往談論一

些勾起對方美好回憶的事，那麼，對方出於「愛屋及烏」的心理，便會大大增加對我們的好感度，而我們在說服他人時也會更容易讓對方接受一些。

雖然引入第三方話題的方法可以有助於我們更好地說服他人，但我們在引入時也要注意一些方法與技巧，畢竟每個人的興趣愛好、成長環境都是不同的，我們只有找到了對方感興趣的話題，才能將說話的氣氛變得融洽與和諧，才能增加說服對方的可能性。那麼，引入第三方話題，讓「尬聊」和你說拜拜，在具體操作時有哪些方面需要注意呢？

💬 說話技巧

▪ 因人而異

不同的人所感興趣的點都是不同的。比如，長輩因為年齡的原因，對於時下的一些新聞焦點或流行趨勢不太了解，他們可能更關注養生；年輕人由於接受能力強，就會對時下的一些新聞焦點或流行趨勢較為關注；女生會更傾向於化妝、保養之類；男生喜歡體育賽事和電子產品等等。

所以，我們在引入第三方話題時就要因人而異，否則，就算你引入了第三方話題，也可能是雞同鴨講，白費工夫，根本達不到說服的目的。

▪ 注意場合

不同的場合，說話的方式也很重要。如果是一些非正式場合，哪怕是不太熟的人，也可以試著從孩子教育、家長裡短、人情世故、娛樂八卦等這些第三方話題說起；但如果是正式場合，遇到一些不太熟識的人，說這些就不太合適了，建議從對方的身分、工作等話題談起，來開啟對方的話匣子。

人們常說「話不投機半句多」，與人說話或談判時，如果雙方談論的焦點完全不在一個點上，那麼我們想要說服對方認同我們的觀點，就會難上加難。

因此，適時地引入第三方話題就顯得非常重要。只要你用心觀察，生活中的任何小事都能成為話題，比如「你今天的衣服搭配得很得體哦」、「這地方的裝潢好特別」等，這些話題聊起來不僅輕鬆愉悅，還能活躍氣氛，拉近彼此的距離。

學會這個技巧，你就能瞬間掌握談話的主動權

我們在日常的生活與工作中，常常會不可避免地碰到一些愛講話的人。這些人講起話來眉飛色舞、口若懸河，看上去口才好，實則廢話連篇，半天講不到重點。有時候，我們內心明明很想打斷對方，表達下自己的觀點與建議，可出於禮貌與尊重，又只好充滿耐心地選擇繼續傾聽，可誰知，對方依然滔滔不絕，停不下來。

遇到這種情況我們應該怎麼辦呢？是繼續保持紳士風度充當一個好聽眾，還是粗魯無禮地打斷別人的說話呢？錯，這兩種方法都不是明智之舉，紳士風度固然能給人留下一個彬彬有禮的良好印象，但卻白白浪費了大家的時間，而且還讓我們插不上話，失去說話的主動權；粗魯無禮雖然可以快速掌握主動權，但想要說服他人卻不太容易，畢竟你已經給人留下了傲慢無禮、不尊重他人的壞印象。

試問，這兩種情況下，我們又拿什麼去說服他人呢？尤其是在一些商務談判的環節中，後者會直接導致對方拍桌子走人。

既然如此，那麼我們在與人交談時，如何才能掌握說話的主動權，讓對方點頭同意我們的觀點，被我們成功說服呢？其實很簡單，就是轉移注意力。

人們不是常說「眼神是心靈的窗戶嗎？」當我們想要打斷對

方，又不失尷尬與禮貌時，不妨將關注對方的眼神移開，或者故意碰掉一些身邊的小東西，又或者做一些誇張的表情與動作來吸引對方的注意力，這樣，談話的主動權便很容易掌握到自己手中。

雖然眼睛代表不了語言，可以直接表達出我們的想法與觀點，但很多時候，人們透過眼神卻能讀懂許多特殊的含義。也許有人會說，與人說話時如果不盯著對方的眼睛，會給人一種不禮貌的感覺。正常情況下來說，說話時移開眼神確實很不禮貌，但如果我們遇到的是那種特別能說卻還後知後覺的多話人時，移開眼神卻可以讓我們在不傷及他人自尊的情況下，造成一個提醒的作用。

每個人都希望在與人說話時，能暢所欲言，盡情地表達自己的想法與觀念，並成功地說服他人。但很多時候，由於年齡、身分、地位、場合、氣氛、見識度、說話技巧、兩者之間的關係等等，會導致我們在與人說話時，淪為喪失說話主動權的聽眾。

那麼，在別人口若懸河、誇誇其談時，我們要怎樣做才能在不傷及對方自尊心的情況下，將說話的主動權掌握在自己手裡呢？下面先來看一個案例，你就會從中得到啟發。

劉軍成是一家進出口貿易公司的業務主管，最近，公司要發展一批新業務，於是便指派他去跟一個之前有合作意願的客

戶進行詳細的洽談。在出發之前，經理就提醒過劉軍成，說這位客戶有些特別，叮囑他要有耐心。

與客戶剛一接觸，劉軍成就明白了經理所說的特別，原來這位客戶的特別之處就在於他是個愛講話的人，屬於那種講起話來沒完沒了的人。

出於禮貌與尊重，劉軍成非常耐心地傾聽著客戶講話，時而點頭，時而微笑示意，這位客戶一直在滔滔不絕地講他的成功史，從當初的白手起家、艱難創業，到如今的功成名就、富甲一方，甚至是在成功道路中遇到的一些不起眼的人和事，他都要拿出來講一遍。

眼看天色已晚，足足聽了兩小時卻插不上一句話的劉軍成，心裡開始著急起來。但礙於面子，他也不好隨意打斷對方的談話。畢竟，合作能否取得成功，還取決於這位客戶的態度。

思慮再三，劉軍成終於想到了一個主意。在對方侃侃而談講得聲情並茂之時，他將一直關注對方的眼神轉移到了對方辦公室牆壁上的一幅字畫上。

沒過多久，這位客戶便察覺到了這一點，於是他有些不好意思地問：「我是不是講得太多了？」

「噢，不是，我只是剛才無意中看到您房間的這幅古代字畫，覺得像您這樣的一個大忙人，還喜歡這樣的收藏，不免對您充滿敬佩之意！」劉軍成答道。

「哦，是嗎？」

「是的，您看，我們公司這次與您將要合作的專案也和您的這幅字畫一樣，充滿古典氣息，相信您一定會喜歡。現在，我先把資料遞給您看一下……」還不等對方做出回答，劉軍成便從公事包裡拿出了事先準備好的資料，雙手遞給了客戶。

顯而易見，劉軍成就是透過轉移注意力的方式打斷了對方的談話，從而將談話的主動權掌握到了自己的手裡。

在與人說話時，我們要想掌握談話的主動權，想讓事情朝著自己希望的方向發展，那麼首先就要確定自己說話的目的。如果一個人連自己說話的目的都不確定，那麼，在與人溝通、與人談判的過程中又怎麼能說服他人，掌握說話的主動權呢？學會下面的這個技巧，你就能瞬間掌握談話的主動權。

💬 說話技巧

一般來說，主動說話的一方往往占據著主導位置，而選擇傾聽的一方實際是處於下風的。因此，我們想要掌握主動權，就一定要避免這種情況發生。

利用身邊一些可以觸碰到的東西，如手機、文件、筆、紀錄本等，使其突然發出一些聲響，來營造一種適度的驚嚇，這樣便可以很好地中斷對方的談話。

為了避免尷尬，在談話中斷之後，我們不妨這樣說：「實在

抱歉，是我太突兀了。對了，剛剛我們說到這裡⋯⋯」然後輕輕鬆鬆地將談話的主動權掌握到自己手中。

除了打斷對方說話的這種方式外，我們還可以採取拖延戰術說些如「不好意思，我這邊有些急事需要處理，我先去回個電話」、「哎呀，我竟然忘記給您倒水了」、「待會聊完，我們一起吃飯吧，我先訂個位置」之類的話，來製造短暫的離場機會。當稍後你再回到談話現場時，對方也不好意思接過剛才的話題繼續了，這樣，你便可以伺機將談話的主動權搶奪回來了。

每個人都希望自己能成為全場的焦點，自己所說的話能成功吸引別人的注意，得到他人的認可。但值得提醒的是，我們在說話時，一定要時刻注意對方的眼神，當發現對方眼神游離、注意力不在自己身上時，我們就要適當停下來，適時地讓對方表達下他們的意願與想法，這樣才能得到對方的好感，增加成功說服對方的機率。

換個角度去說服，
你會發現再堅硬的心也能瞬間被融化

　　「己所不欲，勿施於人」，這句話人人都會說，但鮮少有人能夠做到。尤其是在說話或談判的過程中，如果我們不能設身處地站在對方的角度去思考問題，那麼想要成功說服他人就是一件很困難的事。

　　其實，有些人在說話的過程中之所以與人溝通不融洽，沒能成功說服他人，最主要的一個原因就是沒能學會換位思考、將心比心。如果想要說服別人，首先就得獲取別人的信任。只有讓別人對我們產生好感，別人才會認為我們是在為他們著想，是站在他們的立場上為他們考慮問題，他們才會更加信服我們，我們也才有可能成功地說服對方。

　　那麼，怎樣才能獲取別人的信任呢？最有效的辦法就是將心比心，換個角度去說服對方。意思就是說，我們在表達自己的觀點與意見之前，先站在對方的角度與立場出發去考慮問題，並給予理解與認同。

　　很多人常常高呼「理解萬歲」，一句簡單的「我完全理解」，不僅是被說服之人最想聽到的一句話，同時也能觸碰到對方心靈最柔軟的地方，增加對方對我們的好感與印象。尤其是在說出「我完全理解」這句話後，在接下來的說服過程中，無論我們

說什麼話，提什麼要求，對方都會對我們表示支持與理解，內心會不由自主偏向我們這一邊。

因為在他們的潛意識中，內心已經把我們當成了合夥人，當成了一條戰線上的戰友。所以，他們會認真思考我們所說的話，覺得我們所說的話都是對的，同時也更容易接受我們的觀點與建議，被我們成功說服。

站在對方的角度看問題，學會換位思考、將心比心，這樣不僅能讓我們深入地了解對方，還能讓對方對我們所說的話深信不疑。換個角度去說服，你會發現再堅硬的心也能瞬間被融化。如果我們能有效運用這種說服技巧，將有助於我們打贏一場漂亮的「說服戰」。

計程車司機大梅，某天晚上載客時，碰到一個歹徒。歹徒把刀架在她的脖子上，讓她把身上的錢全部交出來。當她照做把身上所有的錢都掏出來交給歹徒後，說了這樣一句話：「今天所有的錢都在這裡了，要是嫌少的話，這邊大概還有四十多元的硬幣，你也拿去吧！」

歹徒沒想到計程車女司機如此爽快，有些愣住了。於是，大梅忙不迭地接著說：「年輕人，你家住在哪？這麼晚不回家，你家人會擔心的。」

計程車女司機的體貼與關心，讓歹徒放鬆警惕，收起了手中的匕首。見氣氛有所緩和，大梅趁機又說：「唉，其實我家

以前也很困難，缺衣少食的，後來沒辦法就硬著頭皮學起了開車，雖然發不了財，但也能養活自己。你看你，年紀輕輕又四肢健全，只要肯吃苦努力，一定會有所成就的。如果你要選擇這條不歸路，那你這一輩子可就毀了。」

　　繼續開了一段路，見歹徒打算下車，大梅又說：「今天的錢就算姐姐幫助弟弟的，雖然不多，但也能解你一時的燃眉之急，以後千萬不要做這種事了。」一路沉默不語的歹徒聽完這話，突然哇的一聲哭了出來，把錢往大梅手裡一塞說：「大姐，對不起，我知道錯了，我以後再也不做這樣的傻事了。」

　　不得不說，換位思考、將心比心的魔力實在是太大了。即使是窮凶極惡的歹徒，在面對陌生人的關懷時，也能輕易被說服，選擇「放下屠刀，立地成佛」。可以看出，在整個說服過程中，大梅雖然遇到了生命危險，但她臨危不亂，沒有選擇激怒對方，而是完全從對方的立場上來考慮問題。最終，她成功說服了歹徒，並讓自己脫離險境。

　　試問，如果我們在與人說話或談判的過程中，所表達的意思都是在為對方考慮，那對方又怎能不感動呢？當對方被你的將心比心、換位思考感動得一塌糊塗時，我們想要成功說服對方就會變得輕而易舉了。

　　「我完全理解」，看似簡短的幾個字，表達的卻是最溫暖人心的情感。那麼，我們想要說服他人同意我們的觀點或完成某件事情時，具體應該如何做呢？

💬 說話技巧

▪ 給予理解

人與人之所以能夠和諧融洽地相處，很大一部分都來自於理解。如果我們不能對對方表示理解，那麼是很容易產生意見與分歧的。如此，連基本的談話都進行不下去，我們又何談去說服他人呢？

但這裡所說的理解，也並不是指我們要盲目地跟隨流行，一味地阿諛奉承，而是指雙方在有了一定了解的基礎上，再去有效地根據對方所說的話、表達的立場、思考的動向做到將心比心、換位思考。這樣才能讓對方感覺到我們是真誠的，對方才會對我們給予信任。

▪ 表示認同

人們內心常常會對與自己有共同語言的人產生好感並提起興趣。我們要想得到他人的認同，最重要的一點，一定要表現出熱忱，給人留下一個好印象。否則，連自己都沒辦法認同、提不起興趣的事，又如何讓別人去認同呢？

▪ 消除隔閡

有時候，我們之所以不能成功地說服他人，就源於雙方之間存在一定的隔閡。如果隔閡不消除，那麼即使你說服的言詞再懇切，對方心裡也始終有根刺在那，也會對你心生芥蒂。

想要成功地說服他人，我們要先消除隔閡，打消對方的疑慮。而消除隔閡最好的方式就是換位思考、將心比心。這樣不僅可以促進我們與對方達成共識，同時也有助於我們說服對方同意我們的觀點。

　　俗話說「江山易改，本性難移」。誠然，一個人的行為習慣與言行舉止是根深蒂固的，很難改變。但只要我們能學會將心比心，換位思考，彼此之間坦誠想見，那麼對方終究會被我們的誠意所打動，並最終被我們成功說服。

正話反說，讓對方落入你的「語言陷阱」

不知道大家有沒有這樣的困惑：同樣的事，同樣的人，我們在說服對方時，從對方有利可圖的方面來誘惑對方同意我們的觀點，對方卻無動於衷，不為所動；但另一個人反其道而行之，從利益損失方面出發去說服他人，效果卻出奇得好，對方在這種略帶威脅的說服中，輕而易舉就選擇了繳械投降。

其實，這種略帶威脅的說話方式也就相當於正話反說，從不利於對方的一面說起，從而誘敵深入，讓對方一步步落入你的語言陷阱。正話反說，在說服和談判的過程中是比較常用的一種說服方式，而且屢試屢勝，尤其是涉及一些與對方有關的利益問題時，正話反說取得的效果是驚人的。

歸根究柢，其實這都是人的自我保護欲在發揮作用。人類其實是一種非常善於自我保護的高階動物，看似弱不禁風的外表下，也隱藏著一道堅固的堡壘，用來抵抗外界的入侵。正常情況下，這道防線是不會讓人堂而皇之打破的，但當人們內心因為受到外界刺激而誠惶誠恐、焦躁不安時，這道防線便會輕易被瓦解，此時，人們就很容易被說服。

例如，保險業務員在說服他的客戶購買保險時，A 銷售人員從正面說：「陳先生，您看現在您完全有足夠的能力去購買這份保險，假如你每月存入兩千元，那麼 20 年後當您退休時，

您光是本金就有四十八萬元。除此之外，還可以享受利息與分紅，這也是一筆可觀的收入。20 年後，您就可以拿著這筆錢去周遊世界，享受生活了！」

B 銷售人員從反面說：「陳先生，雖然您目前的收入確實不錯，可 20 年後您退休了呢？難道還指望著兒女來照顧您嗎？要知道，現在的年輕人壓力大，不僅生活觀念與老年人存在著很大的差異，而且他們非常不善於理財，基本都是月光族，如果您現在不趁早為孩子們存上一筆儲備金防患於未然的話，那後面真的是要操碎了心呢！」

同樣的事情，同樣都是想說服對方購買保險，只不過 A 和 B 用了兩種截然不同的說服方式。大家不妨猜測下，哪種方式更容易被人接受呢？

結果表明，大部分人會更傾向於 B 銷售人員的說服方式，而這也與人們防患於未然的心態分不開。人們在聽完積極的、正面的訊息後，其自身情緒容易受到影響，從而內心感到愉悅與放鬆。而人的心理一旦處於放鬆的狀態下，就會安於現狀，不願隨意去做出改變。所以，如果我們在表達完我們的意思後，對方只對我們點頭示意或微笑，卻沒有拿出任何實質性的行動時，就足以說明我們的說服是失敗的、不成功的。

但正話反說卻可以輕易讓對方落入你的語言陷阱。一個人在聽完負面的、消極的不良訊息後，其內心就會杞人憂天、

擔驚受怕，出於自我保護的本能，他就會想辦法去採取一些行動來改變這種局面。若此時我們給出一些切實可行的方案與策略，那麼對方就很容易被成功說服，並接受我們的建議。

正話反說，看似是一種不太禮貌、略帶威脅的手段，但人們出於防患於未然的心理，恰恰很容易順從與接受。通常，一個談判高手會在說服他人之前做好準備工作，會想方設法地去猜測對方的想法，並施以巧計，牢牢掌握對方的心理，然後雙管齊下，正反一起出擊，成功說服對方。

其實，正話反說只是一種強而有力的說服手段，就是想給對方傳遞出一種這樣的觀念：如果你不按我說的這種方法去做，那就要面臨很大的損失。意在用一點小小的威脅手段去製造對方的不安，來達到成功說服對方的目的。

那麼，我們在正話反說，讓對方落入語言陷阱時需要注意些什麼呢？以下三點值得參考。

說話技巧

▪ 態度

正話反說是一種威脅，但我們在施以威脅時，也要注意態度問題，言語不要過於惡劣，以免引起對方的反感。

▪ 道理

俗話說「有理走遍天下，無理寸步難行」雖然我們的最終

目的是要說服他人，但我們也不能無原則無底線一味地歪曲事實，也要擺事實講道理，給對方闡明利害關係，讓對方自己拿主意。

▪ 程度

值得注意的是，雖然威脅可以造成一定的激勵作用，但在說服的過程中也要把握好一個尺度，因為凡事過猶不及，過度就會造成一個適得其反的作用。

總之，在說服的過程中，如果我們直截了當表達我們的觀點，對方卻不為所動時，我們不妨試著轉換下思路與策略，適當地拍拍對方馬屁，恭維下對方，讓對方心情愉悅，放鬆警惕，之後我們再施以巧計去說服對方，將會得到事半功倍的效果。

舌尖上的舞動，也需要時機來配合

儒家學派創始人孔子在《論語‧季氏》有句話是這樣說的：「言未及之而言謂之躁，言及之而不言謂之隱，未見顏色而言謂之瞽。」這句話其實告訴了我們三層意思，也就是我們在說話時最容易犯的三種失誤：不該說的時候搶話說，是急躁；輪到自己說的時候卻選擇沉默，叫隱忍；不懂得察言觀色、見眼色行事，只顧著自己說，則是瞎說。

這三種失誤，相信大部人都經歷過。換言之，如果我們在與人說話時不懂得把握時機，甚至忽視這些說話的技巧與策略，那麼我們說出的話就不會引人注意或受到重視。

那什麼是時機呢？時機就是說話的對象、場合、時間。只有把握時機，我們才能在該說的時候說得恰到好處，不該說的時候靜靜傾聽，察言觀色，見機行事。唯有這樣，我們的說服之路才能走得平穩與順暢。

不管是在工作中還是生活中，我們與人說話時都會帶著自己的目的性，如果我們不懂得時機的重要性，即使我們口若懸河、滔滔不絕，對方也不會輕易被我們說服；反之，如果我們在說話時把握時機，讓說服的語言表達得恰到好處，那麼我們便能成功說服他人，達到我們的目的。

就比如一部電視劇，即使劇情非常精彩，很吸引人，但如

果它播放的時機不對，總是在人們進入夢鄉後才開始播放，那麼最終也沒有多少人願意看。

　　所以，不管任何時候，時機顯得尤為重要。尤其是在與人說話時，我們要根據說話的對象、場合、時間的不同，來做出合理的思考與應對，這樣說出的話才能給對方留下深刻的印象，才能引起別人的重視，進而我們的說服才算是成功的。

　　話人人都會說，但如何把握時機，讓自己的話得到別人的認可與喜歡，就不是一件容易的事了。會說話的人，不如會把握時機說話的人，只有懂得把握時機的人，才能做到隨機應變。即使是說服別人同意自己的觀點與意見，抑或是請對方給予幫助，都會表達得恰到好處，讓對方不好意思拒絕。

　　小美大學畢業後就進了一家民營企業工作。作為公司的管理層，對公司在管理方面存在的許多弊端，小美一直都看在眼裡，急在心裡。有好幾次，在公司管理層會議上，她向經理提出了改善方案，可每次都石沉大海，杳無音訊。

　　其實，對於小美自己而言，並沒有什麼利益關係，只是對工作認真負責的小美，覺得自己管轄範圍內的機房沒有安裝冷氣，導致一些裝置耐不住長時間運轉的高溫而經常產生故障，不僅耽誤事情，而且每次維修還得出一大筆錢，算起來損失也是不小的。無奈，她前前後後提出了好幾次建議，可經理就是不予採納。

後來有一次，經理帶著她去參加一個大型文物展覽會，進入會場，經理便發現有個別文物已經有了損壞跡象，於是詢問講解員。講解員解釋說：「文物都是早期人類社會遺留下來的珍貴遺產，但這些遺產之前一直被深埋在地底下，被考古專家發掘後才出現在世人眼前。經歷環境與溫度的變化，文物難免會出現這樣的情況。再加上有些文物需要在恆溫狀態下儲存才不致遭到損壞，而目前文物館資金週轉困難，所以沒有過多經費來對此進行特殊的保護。」最後，講解員還說，如果是夏季高溫，損壞率可能還會更高一些。

　　看到經理一副若有所思的樣子，小美忙不失時機地說：「經理，其實我們公司機房的一些裝置之所以需要經常維修，也是因為高溫引起的呢！」經理聽後，當場就表了態，說：「這次回去我們就給機房安裝冷氣，讓它們也降降溫！」

　　由此可見，舌尖上的舞動，也需要時機來配合。只要時機對了，哪怕只是簡短的一句話，也勝過平時的千言萬語。對此，小美可是深有體會：之前絞盡腦汁三番五次在會議上把這個問題提出來，卻沒有得到經理的採納，反倒是這次，簡簡單單一句話，輕而易舉就把問題解決了。由此可見，想要有效地說服他人，把握時機是多麼重要的一件事！

　　只有時機把握得好，我們說的話才能更好地發揮出功效，說服工作開展起來才會水到渠成。前面我們已經講過在說話時

最容易犯的三種錯誤，所以，我們在把握時機時就要學會規避
這三種錯誤的方式。

那麼，我們應該如何才能把握住合適的時機去說服他人呢？

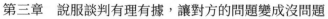 說話技巧

這似乎沒有一個標準的答案與規律可供參考，畢竟千人千
面，每個人遇到的情況都是不同的。因此，這就需要我們察言
觀色，視具體情況具體分析，並把握住一個合適的時機，來做
出合理的說服。

想要成功說服一個人，除了具備良好的口才與溝通能力
外，我們更要懂得把握住時機，在適當的時候表達出我們的觀
點與建議，並在對方願意與接受的情況下，對對方進行言詞上
的說服。

通俗地說，也就是對方正好想聽、需要的時候，我們的說
服才是有效的，才能說到對方的心坎裡，我們的目的才能達成。

態度誠懇最能打動人心

　　說到說服，很多人的腦海中就會形成這樣一個印象，懂得說服的人一定具備著三寸不爛之舌，一定擁有著侃侃而談，滔滔不絕的好口才。否則，沒有一副好口才，又如何信心十足地去向別人闡述我們的觀點與建議，如何成功說服他人呢？

　　顯然，想要成功說服他人，口才是非常重要的，但如果你僅僅為擁有一副好口才就得意忘形，與人口舌爭鋒，甚至在說服的過程中態度囂張、言語傲慢，那麼你的說服注定是失敗的。沒有任何一個人能夠對你傲慢無禮的態度坦然接受。退一萬步說，即便你僥倖說服了對方，也很可能因此而失去他人對你的好感。

　　所以，要想成功說服他人，一定要態度誠懇、謙卑有禮，這樣不僅可以給他人留下一個好印象，而且還可以大大增加成功說服的機率。不信的話，我們就來看看下面案例中的小偉是如何做到的。

　　小偉工作後，因為家離公司路途遙遠，為了方便上下班，他在離公司不遠處租了一間單身公寓。公寓環境很好，價格卻很貴，小偉只好先租個半年。

　　轉眼，小偉便在公寓裡住了兩個月。在租住的這段時間，他彬彬有禮、態度溫和，不僅愛惜公共環境衛生，而且與周圍

的鄰居也相處得非常融洽。不過，就在第二個月的最後一天，他卻突然給房東打電話說要搬家。房東聽到後十分驚訝，於是趕到公寓與小偉面談。

房東問：「小偉，在這裡住得蠻好的呀，而且這離你公司也近，為什麼突然要搬家呢？」

小偉面露難色地說：「是的，我非常喜歡您的房子，這裡不僅環境好，而且周圍的鄰居也很好，物業服務更是一級棒，可能我搬走之後再也找不到這麼好的房子了！」

聽到小偉的誇獎，房東眉開眼笑，問：「既然如此，那你為什麼還要搬走呢？」

小偉十分愧疚地說：「我要搬家，是因為我的經濟出現了危機，接下來我將無力負擔高額的房租。其實，租住在這裡，我真的非常開心，感覺很溫馨，讓我有一種回到家的感覺，我並不想搬走，但迫於無奈不得不出此下策。」

「那你每個月可以承擔多少房租呢？」

「現在經濟危機，我每個月只能支付七百元來交房租。」

「那就七百元好了，前兩個月多付的三百元也給你順延到下個月。」

「真的嗎？那太好了，謝謝您！」

雖然整個說服過程看起來簡單輕鬆，但小偉在態度上卻十分誠懇，不僅一個勁地誇獎房東和他的房子，還把退租的原因

都歸咎於自己。如此，房東從小偉的態度上感受到他的真誠，並理解了他，最後還主動提出了降低房租的要求。

說話技巧

試想下，如果小偉與房東口舌爭鋒，列舉房子的各種弊端，以此來說服房東降價，那房東肯定會這樣認為：你都覺得房子不好了，為什麼還要繼續住呢？這種情況下，降價自然是不可能的，也只有態度誠懇才最能打動人心。

比如，有些人在買衣服時，為了達到自己的心裡價位，就會不停挑剔衣服有問題，想說服老闆降價。雖然最後老闆有可能把衣服忍痛賣了，但卻是滿臉的不高興，那這樣的說服也不能算是成功的。所以，我們不妨學學案例中的小偉吧，言語真誠、態度誠懇，多誇獎、少挑剔，以此來爭取皆大歡喜的局面！

很多人常常會走進這樣一個失誤，認為侃侃而談、有理有據就能說服他人同意自己的觀點與請求，殊不知，人與人之間的溝通與交流都是建立在誠懇的態度上。只有態度誠懇，才能成功吸引到對方的眼球，也只有態度誠懇，才會讓另一方覺得自己是被尊重的，才會在感受尊重的情況下，耐心聆聽你說服的語言。

否則，即便你口才再好，態度上不尊重他人，同樣會引起他人的反感與厭惡。一個不懂得尊重他人的說服者，巧舌如簧，說出的話別人敢相信嗎？又為什麼要相信他呢？

反之，如果我們在說服他人的過程中，用我們真誠的話語去打動對方，用我們誠懇的態度去感染對方，那麼對方必定會認為我們是值得信賴的，從而打心眼裡贊成和接受我們的說服。所以，我們在做說服的準備工作時，除了口才與技巧外，態度上也一定要誠懇哦！

先讚美後說服，讓你的語言深入對方心坎裡

　　美國著名心理學家威廉・詹姆斯（William James）曾說：「人類本性上最深的企圖之一就是被讚美、欽佩、尊重。」讚美是世界上最動聽的語言，相信沒有哪個人能夠拒絕別人對自己的讚美。

　　我們在與人說話或談判時，如果想要快速得到對方的好感與信任，想要說服對方認同我們的觀點與建議，那麼我們不妨對對方一些好的行為習慣予以適當的讚美。利用讚美來直白地告訴對方，我們對他的一言一行都表示認可與欣賞。

　　有效地讚美他人，不僅可以拉近我們與對方的距離，還可以為彼此的溝通創造一種良好而融洽的氣氛。俗話說「良言一句三冬暖，惡語傷人六月寒」一般來說，我們在說服別人同意我們的觀點或幫助我們做某件事時，除了語氣會稍稍柔和一些外，往往會吝嗇於對別人讚美，因為打從心底我們是不願意承認對方比我們強、比我們優秀的；反之，我們總是喜歡在別人犯錯的時候，對其橫加指責，施以埋怨。但我們卻忽略了一個重要的事實，就是沒有一個人在被人責罵之後，還能心甘情願地去接受和同意對方的觀點與請求。

　　從心理學的角度來說，一個人受到指責後會由於憤怒而導致情緒低落，此時不管我們如何想盡辦法去說服此人都是徒勞

無功的；但如果我們真誠地去讚美對方，那麼對方就會對我們油然而生一種好感，這樣我們去說服其給予幫助或接受我們的觀點就會容易很多。

不管是在日常的生活中還是工作中，我們難以避免會遇到求人辦事的情況。別人幫你是情分，不幫是本分。當遇到這種情況時，我們又該如何去說服別人呢？當然也離不開讚美了。我們讚美對方，對方才會心情舒暢，這樣我們才能更好地說服對方，我們的工作才能更好地進行下去。哪怕對方的優點實在是少得可憐，或是根本就不值得一提，我們也還是要挖掘出一些來。畢竟，一句簡單的讚美，會比那些長篇大論的廢話更讓人覺得溫暖與信服。

為什麼這麼說呢？因為人們在接收到來自外界的讚美時，內心會自動地將自己想像成集某些優點於一身的人。而且，為了變成這樣的人，人們會主動地往一些好的方向去發展，此時，若我們再加以說服，豈不是效率更高？

讚美，看似是一件很普通的小事，但我們在說服的過程中如果運用得好，就可以造成錦上添花、雪中送炭的作用。讚美不僅可以給對方加深印象，而且還可以促進我們與之更好的交流，為我們說服他人爭取更多的機會與時間。

所以，想要說服他人，我們就千萬不要吝嗇於表達讚美。

先讚美後說服，讓你的語言深入對方心坎裡，這樣，我們

的說服才有可能取得成功。那麼，讚美時有哪些方面值得注意呢？不著急，下面為你一一揭曉。

💬 說話技巧

▪ 恰到好處

在表達讚美之詞時，一定要掌握分寸，表達得恰到好處，最好是在對方有所期待時進行，這樣效果將會達到最佳。

▪ 語氣中肯

雖然讚美是為了更好地說服對方，但我們在表達讚美時也不要隨意胡編亂造，一定要以事實為依據。另外，語氣也要中肯，要帶有激勵作用，這樣才更有利於被對方接受與認可。

▪ 言語真誠

讚美的話語一定要發自內心，要能表達出我們的真誠之意。

不要別人誇什麼，我們就附和什麼。否則，即便表達了讚美之詞，對方聽著也會不舒服，覺得過於虛假與做作。

▪ 別出心裁

想要在對方面前留下一個深刻的印象，讓對方記住你，我們的讚美就不能太大眾化，更不能人云亦云。因此，若想快速加深對方對我們的好感，我們的讚美就要別出心裁、與眾不同，這樣方能吸引住對方。

▪ 不要盲目

在表達讚美之前，我們首先自己得明白：為什麼要讚美對方，對方有哪些地方是值得被讚美的？在這之前，我們一定要對對方有一定的了解，否則，不符合事實依據的讚美會讓人貽笑大方。

▪ 表情自然

讚美對方時，表情要自然，要真情流露，面帶微笑地注視對方，讓對方感覺到我們的一片赤誠，這樣才能更好地進行我們接下來的說服工作。尤其要注意，千萬不要為了烘托氣氛就故意使用一些誇張的表情，不然，對方從你的表情中就會看出端倪。

誠然，十全十美只存在於我們腦海的幻想中，但不可否認的是，每個人身上或多或少都有著屬於自己的優點，有值得被人讚美的地方。

因此，不管是在日常的生活中還是工作中，我們若想與人建立起良好的合作關係，若想說服別人同意我們的觀點，不妨運用以上六點建議去讚美別人。你會發現，這樣不僅能增加我們成功說服他人的可能性，同時還能給對方留下一個親切和藹的良好印象，兩全其美，何樂而不為呢？

人微言輕？權威效應讓對方百依百順

不管是在工作中還是生活中，有時候我們為了更好地說服他人，會不由自主引用一些比較有名氣、有權威的人所說的話，比如，某某主管說，這個專案應該這樣做才能提高速度；某某專家說，這樣進食才能讓身體更健康；某某老師說，這道題應該這樣解答才是正確的……

很多人打心底裡都比較崇拜那些有身分、有地位，比自己優秀的人，更願意接受他們給出的意見或建議。這其實就是心理學上所說的權威效應。權威效應，也稱之為權威暗示效應，是指人們對那些比自己有權威的人所說的話更加重視、更加信服。

基於這種效應，我們若想說服他人同意我們的觀點與建議，想要得到別人的認可，不妨利用權威效應讓對方言聽計從，採納我們的建議。

權威效應最顯著的特徵就是「人微言輕、人貴言重」，即一個人如果身分重、地位高、有威望，受到許多人的尊重與愛戴，那他所說的話就會有分量，並讓人深信不疑；反之，一個普普通通、放在人群中便被淹沒的人，即便說的話是真的，給出的經驗也是正確的，相信在人群中也不會引起多大的反響。

一般來說，權威人士身上大多籠罩著一層名人效應或智慧

的光環，他們本身就是一種最強而有力的說服依據。所以，我們內心深處往往會不自覺地對他們所說的話產生一種信任。

俗話說「愛屋及烏」，很多人之所以會如此相信權威，皆是因為權威人士在某些方面取得了成就，讓我們具有一種不由自主的傾向性。這種傾向性會讓我們在頭腦中不斷加深對這個人的正面、積極的印象；反之，如果我們從一開始就對一個人給予了否定，那麼他的優點我們便會自動遮蔽掉，反而會將對方的缺點不斷挖掘與放大。

因此，在說服他人的過程中，如果我們絞盡腦汁仍然沒有得到對方的認可與回應，不妨利用權威效應。用權威人士的身分、地位、才識來替我們說話，這樣的間接說服往往會比我們直接說服的效果要好得多。

下面先來看一個相關案例。

兩年前，唐宇一時興起，便利用手中的閒錢買了一支股票。可是他的這支股票自購買後，就一直不漲也不跌，沒有多大動靜。原本指望著錢生錢的唐宇，眼看著這支股票閒了半年，依然漲幅不大，於是便決定賣出去。

他的朋友得知後勸他：「你反正又不急著用這筆錢，何不先放著，說不定哪天它就會給你一個意外之喜呢。」不管朋友如何勸說，唐宇都堅持自己的意見，要把手中的這支股票給賣出去。

正打算出手時，某天晚上，唐宇在電視上無意中看到一位

在股市上很有影響力的專家說這支股票過不了多久就會呈現出一種持續上漲的趨勢，於是他的內心又開始動搖了，便決定聽從專家的建議，先等一等看看情況再說。

結果，沒過多久，他購買的那支股票真的就如電視上那位專家預測的那樣，開始上漲了，他小賺了一筆。

不得不說，權威效應比起我們一般人的說服效果要強而有力得多。我們在說服他人時，利用權威效應的影響力，不僅可以幫助我們解決問題，而且還會讓說服的力度更強烈一些。

有的人固執，很難被說動，哪怕我們使出渾身解數，他都不為所動，不予理會。遇到這種情況，我們應該怎麼辦呢？難道就此放棄嗎？當然不，這種情況下，我們不妨轉變下思路，換一種策略，利用權威效應的威力來說服對方。

比如，職場中，當新進的員工不聽從安排與指揮時，上司可以說：「你再這樣不服從安排的話，老闆知道了就會讓你直接走人了。」孩子不認真做作業，父母可以說：「你不認真寫作業，我就去告訴老師。」通常這種情況下，不管是職員還是孩子，他們在這種權威效應的作用下，言行舉止都會有所收斂，而我們的說服也能造成作用。

為什麼人們會對權威效應如此信服呢？其實，權威效應之所以能夠引起人們的重視，最主要還是來自於人們的心理活動。具體來說，源於以下幾個方面。

🗨 說話技巧

▪ 安全感

人們內心都非常渴望安寧與穩定，因此，內心總覺得權威人士所說的話就是正確的行動指南，只要遵從了對方的意見與建議，自己便會有安全感，而且出錯的機率也會減少很多。

▪ 讚許心理

因為權威人士普遍是受大眾歡迎的，所以我們以權威人士作為目標向他們看齊，那麼，我們的行為舉止也能得到多數人的稱讚。

心理學家經過研究發現，一個人做出態度與行為上的改變，往往要透過依從、認同、內化這三個階段才能逐漸實現。在此過程中，權威人士的身分越貴重，地位越高，威嚴感越強，說服的成效就會越明顯，而這也是本節所要表述的內容。

因此，我們想要改變一個人，想要一個人同意我們的看法，除了運用好口才之外，還得適當地運用一點小策略、小技巧，利用權威效應，來幫助我們成功地說服他人。

四大關鍵點，讓你快速找到對方的突破口

在本節開始之前，我們先來看一個案例：

小美在網路上新買了一把雨傘，這把傘最大的特點就是可以遇水變色，視雨水的大小而變換出七彩的顏色。同事小麗看到這麼新奇的雨傘後，十分羨慕。於是，小美便勸說小麗也買一把。可是小麗說：「我家裡已經有好幾把雨傘了，不想再買了，買多了都閒置著也不好。」於是小美也不好再說什麼了。

某天下班早，小美便約小麗一起去逛街。走到半路，突然下雨了，小美便從隨身攜帶的包中拿出自己的變色雨傘，開開心心地撐了起來。而小麗的雨傘是屬於那種長柄型的，外出不方便攜帶，所以她一般只有在下雨的情況下才會帶。

看到這種情況，小美大大方方地說：「沒關係，一起撐我的就好了，我這個很方便的，我每天都會放在包裡的。你看，還是這個好吧，可以隨時隨地應對這變幻莫測的天氣。多好啊，要不你就買一把，這樣就可以隨時用啦，而且還可以省去不能摺疊的麻煩呢，又方便又省事！」

「是挺方便的，而且還特別好看，那好吧，回去後你把連結分享給我，我晚上回去了就買！」小麗回答。

說服，是我們日常生活中較為常見的一種說話技巧。我們與人說話，除了表達自己的想法與觀點外，有時候也想透過說

服身邊的人和我們保持言行上的一致，來滿足我們有福同享、有難同當的心理。

那麼，在與人說話或談判溝通的過程中，我們如何才能更有效地去說服他人呢？想要成功說服他人，可並不是上下兩片嘴唇碰一碰就能做到的事。畢竟每個人的經歷不同、性格不同、學歷不同、興趣愛好不同，看待問題的眼光和角度也會不同。

這種情況下，想要合理地說服他人，就需要我們在與人說話時透過仔細觀察與深入研究來尋找對方的突破口。就如案例中的小美，第一次沒能說服小麗，但第二次她從方便與省事的角度來分析，找到對方的突破口，從而成功說服了對方。

生活中，我們在與人說話時，常常會遇到這樣的情況：有些事，道理就擺在那，不管你和對方怎麼解釋，可他就是不明白。於是，皇上不急太監急，到最後，我們不僅沒把人成功說服，反而還把自己的心情弄得糟糕透頂。

其實，淺顯易懂的道理並不是別人不明白，也並不是因為別人太傻，而是他們固執己見，一味地堅持自己的觀念。因此，我們想要成功的改變他人的觀念，靠簡單的說服是行不通的，必然會撞在對方固執的南牆上。

所以，我們要改變說話方式，要掌握一定的技巧，並在說服別人之前確定自己的方向，有針對性地從細節入手，去尋找一個合適的突破口，方能達到成功說服他人的目的。

說服，不僅是一門高深的學問與藝術，同時也是我們踏入社會，建立人際關係最有力的語言交通工具。在人際交往中，我們要想成功地說服對方，就必須先了解他人，找到說服他人的最佳突破點，這樣我們在說服的過程中才能突破障礙、消除對方的疑慮。

　　下面四大關鍵點，讓你快速找到對方的突破口。

說話技巧

• 了解對方的性格特徵

　　正如莎士比亞（William Shakespeare）所說：「一千個讀者心中有一千個哈姆雷特（Hamlet）。」這也充分說明了人與人之間是有差異的。不同性格的人，其說話方式與接受建議的方式也是截然不同的。這就需要我們在與人說話時，透過了解對方的性格特徵來尋找合適的突破口，從而有目的地說服對方。

• 讓對方先說，從中了解對方的想法與觀點

　　很多人礙於顏面或者出於先發制人的目的，喜歡搶先表達自己的觀點，然後再去對對方進行說服。殊不知，知己知彼，才能百戰百勝，要想成功地說服他人，我們就必須先了解他人。

　　而了解他人最簡單有效的方法就是讓對方先說，我們從對方的話語中了解對方的想法與觀點。也只有真正了解了這個人，我們才能有針對性地展開接下來的說服工作。

▪ 從對方的興趣愛好與特長入手

只有先了解一個人，我們才能從中了解到他的一些行為和愛好，才能從對方的興趣愛好與特長入手，勾起對方的興趣，開啟對方的話匣子，然後再曉之以理，動之以情地去說服對方。

比如，有的人喜歡唱歌、看書，有的人愛好文藝、體育，有的人擅長做美食、插花等。在說服他人時，我們便可以投其所好，從對方的興趣愛好與特長入手。

這樣做的最大好處就在於：第一，方便找到共同點，讓彼此有可聊的話題；第二，在聊起這些話題時，對方的心情能更加愉悅，因此說服的效果會事半功倍；第三，揚長避短，說服時盡量往對方的長處與優點上面來說，令對方不好意思拒絕。

▪ 注意觀察對方的情緒反應

除了以上幾種外，我們想要成功地說服對方，在說話的過程中也要密切觀察對方的情緒反應。一般來說，情緒反應是指對方的表情、行為、思想與態度，而這些對說服成功與否有至關重要的作用。

很多人總是好奇，為什麼同樣的事情，有的人不費吹灰之力，三言兩語就能說服別人；而有的人辛辛苦苦、三顧茅廬卻依然徒勞無功？其實，許多人之所以沒能成功說服別人，究其原因還是沒有深入研究，找到對方的突破口，以至於白白浪費時間做了無用功。

既然如此，我們何不嘗試運用以上四點建議呢？相信從這些方面入手，成功說服他人將會是一件很輕鬆的事。心動不如行動，趕快行動起來吧！

第三章　說服談判有理有據，讓對方的問題變成沒問題

第四章
化解尷尬，巧妙解圍，
跟誰都能聊得來

在與人說話時，
因為一些突發事件或者對方提出的無理要求，
難免會陷入一種尷尬的境地。
此時你應該如何應對呢？
是等待他人來救場，還是面面相覷、不知所措？都不對，
你只有沉著冷靜、善用幽默才能巧妙化解尷尬，
替自己解圍，才能讓自己在人際交往中，跟誰都能聊得來，
成為一個名副其實的說話高手。

高情商、會說話的人都會自嘲

　　一般情況下，沒有人會喜歡嘲諷，但有時候適當、適度的自嘲也是一種交流的方式。因為自嘲不僅可以使自己說的話變得有趣，而且還能在尷尬的時候調節說話的氣氛，為自己救場，高情商、會說話的人都會自嘲。

　　我們在與別人說話的過程中，難免會遇到一些尷尬的局面，如果我們沒有及時採取一定的補救措施，那麼說話的場面就會變得很尷尬；如果我們過於斤斤計較，那麼場面只會變得越發不可收拾。此時，最好的解決辦法就是自嘲，只有適當地運用自嘲，才可以幫助我們走出尷尬的局面。

　　所謂自嘲，就是自我嘲弄，是一種智慧的、充滿魅力的交往方式。如果我們在說話的過程中能恰當地運用自嘲，就能使尷尬的場面充滿歡聲笑語，使說話氣氛再次活躍起來。此外，自嘲還能使我們正視自己的缺點和弱點，幫助我們增強自尊心和自信心。

　　這幾年老王的頭髮越來越少了，漸漸地頭頂都變禿了。有一次，他去酒店參加一個聚會，服務員在倒酒的時候不小心把酒灑到了他光亮的禿頭上，服務員不知所措地站在原地，朋友們也不知道該說什麼才好，場面頓時十分尷尬。此時，老王卻笑著對服務員說：「這是治療禿頭的新方法嗎？早知道這麼簡

單，就不麻煩醫生了。」在場的所有人聽到老王這樣自嘲後都大笑了起來，紛紛打趣他，尷尬的場面頓時就被化解了。

老王的自嘲不僅巧妙地化解了尷尬的場面，而且也顯示了他的寬大胸懷。由此，我們可以看出，自嘲確實能在我們說話的過程中造成潤滑的作用。要知道，自嘲也是需要膽量和胸襟的，從另一個角度來說，勇於暴露自己的短處，也是一個人大度和坦誠的表現，這樣的人才會更受歡迎，更容易得到別人的信任。

我們在與人說話時，都可能會出現口誤的情況，此時如果對方已經產生了對立的情緒，我們不妨採取適當自嘲的方式來緩解對方的不滿。比如，我們在和別人聊天時說了不恰當的話，發現對方臉色不對勁時，可以自嘲地說：「看來我這張嘴和我的大腦都下線了，稍等片刻，等我恢復正常……」這樣一說，對方就不好意思再介意了，而且還會緩和尷尬的氣氛。

需要注意的是，自嘲並不是一味地放低身段、自我貶低，真正高等的自嘲是用幽默的形式拿自己開玩笑。那麼我們在自嘲的時候需要注意哪些問題呢？

🗨 說話技巧

▪ 自嘲時要說得「誇大一點」

我們在自嘲的時候說的內容最好是真假參半，還要帶有適度的誇張，換句話說，就是把話說得「誇大一點」，這樣才會產生幽

默的效果，達到自嘲的目的。如果太過真實就會顯得過於平淡，反而達不到想要的效果，甚至還可能會使自己的尊嚴受到傷害。

▪ 自嘲時語氣、情調要輕鬆、愉快

我們在自嘲時，說話的語氣和情調要輕鬆、愉快，這樣不僅可以表達我們坦蕩的胸懷和樂觀的人生態度，而且還會讓對方感受到我們的真誠。

▪ 自嘲時要注意場合

雖然自嘲可以幫助我們化解尷尬，是一種重要的語言表達方式，但是它也只是一種輔助的交談手段，有明顯的局限性，因此，我們不可亂用。例如，在對話答辯時、座談討論時或是調查訪問時都不宜使用自嘲的方式來表達。

▪ 自嘲時態度避免玩世不恭

自嘲包含著我們的自尊、自信、自愛和責任，自嘲其實是一種看似負面實則正向的交流手段，它能幫助我們的交流朝好的方向發展。如果我們在自嘲時表現得玩世不恭，那麼就是對事態的冷漠、譏諷和不負責任，這樣不僅失去了自嘲的意義，而且也會使我們的交流變得更加尷尬。

▪ 自嘲時要適可而止

要知道，自嘲只有在使用得當的情況下才能造成應有的刺激作用，也就是我們所說的「點到為止」。自嘲只需要讓對方意

會即可，切不可過分自嘲、喋喋不休，否則就會過猶不及、適得其反。就好比鹽滷點豆腐，過量的鹽滷只會讓豆腐變得苦澀不堪，而過分的自嘲也會導致交談出現危機。

總之，自嘲確實是交談中必不可少的靈丹妙藥，它不僅安全，而且也不會傷害到別人。高情商會說話的人都會用自嘲來化解尷尬，活躍說話的氣氛，而且自嘲也能顯示出一個人的修養和氣度，這樣才會有更多的人願意與他交流。

叫錯名字，真的是尷尬

相信大家在現實生活中都有過這樣的經歷：我們能認出對方的臉，但就是想不起對方的名字，大腦中突然一片空白，怎麼都記不起來，即使是兒時要好的玩伴也會出現這樣的情況。此時，我們會覺得特別尷尬、不好意思，害怕別人察覺到，總想說點什麼來解圍。

其實，在這種情況下，我們也可以不用說出對方的名字，以免彼此都尷尬。那麼我們不妨先說一些寒暄的話，例如：「世界真小，這麼多年沒見了，我們竟然能在茫茫人海中相遇，真是太有緣了！」、「很長時間沒有連繫了，最近還不錯吧！」、「啊，是你呀！」等等，用這些話來繞開名字的問題。

與此同時，還有一種情況也會使我們覺得很尷尬，那就是當我們的名字被叫錯或是彼此都忘記了對方的名字時，面對這樣的情況，我們又該如何回應，才能避免尷尬呢？

💬 說話技巧

▪ 當我們的名字被叫錯時

不管是在生活中還是在工作中，我們經常會因為名字相近而鬧出張冠李戴的笑話。例如，公司新來了一名員工叫徐萍，還有一位老員工叫劉萍，徐萍經常被同事們叫成劉萍，為

此，她總是悶悶不樂，認為同事們連她的名字都沒有記住。有一次，一位同事又把她的名字叫錯了，她感到非常生氣，所以就一聲不吭，不理睬對方。其實，這樣的態度是不可取的，那麼，當我們遇到這樣的情況時，又該怎樣處理呢？

被人當面叫錯名字的確是一件既尷尬又覺得不舒服的事，但是無論如何，我們都要控制住自己的情緒，因為不同的回應決定了不同的結果。

中文同音不同字是很常見的現象，例如：「易」、「亦」、「藝」、「益」、「毅」等就很容易被叫錯、寫錯。其實，這種情況下，我們在介紹自己的時候，可以特意強調一下自己的名字，例如：「我叫劉毅，是毅力的毅，不是容易的易哦！」當我們的名字被弄錯的時候，我們可以採取詼諧的方法來讓大家記住自己的名字，這樣不僅讓人印象深刻，還能使說話的氛圍更融洽。

一個常常和我們見面的人都會叫錯我們的名字，確實是一件讓人很不愉快的事情，但是，這件事也不是不能忍的，如果對方沒有記住，那我們再報一次自己的名字就好了，或者拿自己的名字開玩笑地說：「我叫徐萍，浮萍的萍，我就是那在水中飄搖不定的浮萍呀！」這樣會讓對方印象更深刻。

還有一種方法是把自己的名字和外貌特徵結合起來，使人記憶猶新。因為大多數情況下，忘記或叫錯名字都是因為沒有把對方的外貌和名字相結合，要想解決這一問題，最好的辦法就是把自己的外貌和名字結合起來告訴對方，讓對方記住自己。

▪ 當別人叫不出我們的名字時

還有一種情況也是比較尷尬的，當我們在路上碰到以前的同事或是兒時的玩伴，上前打招呼後卻因為對方記不起我們的名字而不歡而散。例如：

陳麗去外地出差時，看到了多年未見的老同學，於是熱情地過去打招呼：「田甜，很多年沒見了，你還好嗎？」經過一番寒暄之後，田甜依舊想不起這位老同學的名字，顯得有點局促不安，總想找藉口離開，氣氛頓時變得很尷尬。

如果田甜採取開門見山的方式直接問老同學的姓名，顯然不太合適，她既想開口問，又害怕老同學看穿自己叫不出她的名字，所以心虛，只想早點離開這樣的尷尬境地。如果我們遇到這樣的情況，又該怎樣應變呢？

在這種情況下，我們應該巧妙地把自己的名字融入我們的話語中，例如：「前幾天我還碰到 ×× 了，她也還是老樣子，這麼多年了，還是喜歡叫我 ××，這個外號我自己都快忘記了，記得以前讀高中的時候，你還常常給我帶牛奶呢……」這樣說對方也許會想起以前的事，或者記起我們的名字，就不至於因為尷尬而急著離開了。

幾乎每個人都有記不起別人名字的時候，不管什麼情況下，我們都要將心比心，要學會站在別人的立場體諒別人，避免尷尬的發生，最好是引導對方喚醒記憶深處的東西，這樣才能不露痕跡地化解尷尬。

尋找話題，才是緩和說話氣氛的「殺手鐧」

我們在說話的時候，最怕的就是遇到冷場的局面，因為不管在什麼場合下，冷場都會讓人感到尷尬，要想迅速地打破冷場的局面，最好的辦法就是尋找新的話題，緩和說話的氣氛，透過新話題來轉移對方的注意力。就好比寫文章，好的標題才會讓人思緒飛揚，而好的話題才是深入聊天的基礎，才是暢所欲言的開端。有了話題，交流才能融洽自如；沒有話題，交流將很難繼續下去。因此，尋找話題，才是緩和說話氣氛的「殺手鐧」。

孫燦是一名報社的記者，每次出去採編，都能順利地完成工作任務，報社同事都紛紛向他請教經驗，他說：「採編時最重要的就是尋找話題，要沒話找話，讓受訪者願意分享自己的故事，這樣才能達成採編的目的。」

有一次，他要去採訪深山裡的一位老人，見到老人後，孫燦並沒有立即開始採訪工作，而是有一搭沒一搭地問老人一些生活上的事。後來他發現老人的口音不是本地口音，於是就問道：「大媽，聽您的口音不是本地人，您祖籍是哪裡的呀？」

老人家說：「我老家是中國河北，年輕的時候就過來了，很多年沒有回去了。」

孫燦說：「河北挺好的呀，您怎麼選擇在這裡定居了呢？」

於是，老人家就對孫燦講起了自己年輕時候的故事，一下

子就有了聊天的話題，後來老人家的話匣子開啟後，與他說了許多的話，孫燦也因此順利完成了採訪任務。

如果我們用尋找話題這一方法來打破尷尬，那麼就要擁有善於發現的能力，要及時地發現並找到對方的興趣愛好，以此來尋找好的話題，這樣才能促進彼此之間的交流。而所謂好的話題指的是：有一方感興趣，可以聊；雙方都感興趣，願意聊；可以展開交流，容易聊。

那麼，當我們與別人聊天的時候，要怎樣說才能找到好話題，緩和說話的氣氛呢？

💬 說話技巧

▪ 選擇對方關心的話題

我們與對方說話時，最好選擇對方關心的話題，以此來激發對方說話的慾望，這樣就可以圍繞話題層層深入，使彼此交流順利進行，避免冷場尷尬。

▪ 多問一些意在了解對方的問題

如果我們想要尋找話題，不妨在與人聊天的時候多問一些意在了解對方的問題。例如：「平時休假的時候你更喜歡做什麼？」、「你喜歡滑 IG 嗎？」、「你玩抖音短影片嗎？」等等，透過這樣的問題來了解對方的喜好，然後抓住關鍵點展開話題，激發對方說話的慾望，緩解說話的氣氛。

▪ 尋找共同的興趣愛好

我們可以從對方的話語中尋找共同的興趣愛好，然後以此作為話題，順利展開交流。比如，如果對方喜歡喝茶，那麼我們可以從茶的種類、文化、茶具等基本的話題展開，如果我們懂茶更好，如果不懂也沒關係，我們可以把它當作學習的機會，耐心地傾聽，並適時地提問，那麼也能很好地交流下去。

▪ 借用身邊材料為題

當我們陷入冷場的尷尬境地時，可以巧妙地借用對方的材料作為話題，比如，出身、年齡、著裝等等，就地取材引出話題，讓對方參與其中，往往也能造成緩解尷尬的效果。這種巧妙地藉助對方材料為題的方法，要求我們思維敏捷，能夠舉一反三、由此及彼。

▪ 投石問路

以前人們過河的時候，喜歡用丟石頭的方法來試探水的深淺，然後才會更有把握地過河。同理，當我們與別人交流的時候，也可以用試探辦法先投石問路，詢問對方一些問題，然後再從對方的言語中了解我們想要知道的情況後再交流，這樣才能使交流更順利。

比如，我們在婚宴上時，可以問鄰座的人：「您是男方的嘉賓還是女方的嘉賓？」無論對方選擇哪一方，我們都可以順著對方的話說下去。

▪ 所提的問題最好無法用一個詞來回答

我們在說話的過程中，可以用提問的方式來展開話題，不過需要注意的是，我們所提的問題最好是一些無法用一個詞來回答的問題，因為這樣會讓對方有更多說話的機會，回答的範圍廣泛了，說話自然不會尷尬。

▪ 適時追加問題

如果我們在提問的時候，所提的問題是只需要一個字就可以回答的，那麼我們最好適時地追加問題，以免出現冷場的狀況。比如，如果問：「你家孩子上幼兒園了嗎？」那麼對方回答「上了」，就有可能會出現冷場，此時，我們應該追問：「是附近的幼稚園嗎？聽說費用還蠻高的，現在的小孩上學可真不便宜呀！」用這種追問的方式來引導對方，讓對方想說、願意說。

要知道，只有選好了話題才能開啟對方的話匣子，才能避免尷尬的出現，才能使交流順利地進行。

模糊語言，不失風度地避免尷尬

在生活中，我們不可避免會遇到尷尬的問題，即使我們不願意回答，也不得不回答。可如果我們在回答的時候失言了，就會弄巧成拙，使自己陷入更尷尬的境地。那麼此時我們不妨在回答的時候使用模糊語言，這樣既不失風度，又能避免尷尬。

所謂模糊語言，是指我們在說話時故意用一種不確定、不精準的語言來表達我們的想法。模糊語言是一種高超的語言藝術，巧妙地運用模糊語言可以使我們左右逢源，避免尷尬。

例如，我們去醫院看望病人的時候，會對病人說：「你要放寬心好好休養，身體慢慢就會康復的。」其實，慢慢這個詞就是一種模糊的語言，我們沒有辦法確定慢慢究竟是多長時間，我們這樣說的目的是表達我們的關心，說服病人安心養病，不要太過焦慮，這樣才能達到我們探視病人的效果。

假如我們讓一個朋友去一個地方找個人，並告訴朋友那個人的特徵：身高一百八十公分、體重七十五公斤、戴著近視眼鏡等等，在這種描述下，朋友會找到那個人嗎？可是，如果我們換一種說法，用模糊的語言，比如，身形高大、濃眉大眼、一頭褐色的鬈髮等等，這樣會不會更好一些呢？

有研究結果表明，其實模糊語言的不確定性對語言來說具有更大的廣泛性和靈活性，就好像是奔騰的瀑布比平靜的河水

更有活力一樣。

　　一般而言，模糊語言較多地使用在回答問題上，因為有些提問者提出的問題隨機性很強，而且涉及的範圍非常廣泛，這樣我們就不能對問題做出準確的回答。特別是那些不得不回答，又不能直接回答的問題，這個時候就可以用模糊語言來回答了。

　　比如，有些主管開會批評員工的時候，會說：「其實我們公司絕大多數的人都還是積極向上的，只有個別幾個人不思進取，過一天算一天。」這句話中的「絕大多數」就是模糊的語言，這樣有彈性的語言，不僅保留了大部分人的面子，而且也對個別人造成了批評和警示的作用。

　　模糊語言的主要特點是似是而非，不確定性。這樣的語言不僅讓人摸不透話語的真正內涵，而且還讓所說的話有了更大的彈性和變通性。當我們遇到不好回答的問題時，就可以運用模糊語言，巧妙地避開尷尬問題，讓原本不相容的問題變得更靈活、更一致。

　　特別是當我們面試的時候，巧妙地利用模糊語言，還可以幫助我們提高面試的成功率。我們來看看下面案例中的劉晴是如何利用模糊語言應徵成功的。

　　經過層層考驗，「過五關斬六將」，劉晴終於迎來了「最終面試」。此時，面試的 HR 問道：「請問，你期望的薪水是多少？」

劉晴明白這個問題就是 HR 給自己設的「圈套」，正等著她往下跳呢！面對這樣一個不能直接回答的問題，劉晴並沒有直接說出具體的金額，而是思索了片刻後，答道：「對於薪水方面我沒有過於苛刻的要求，我只是希望能得到一份充分展現我價值的工作，當然條件要相對公平，不要與同產業相差太大，我都可以接受。」最後劉晴不僅被公司錄取了，而且公司給她開出了很豐厚的薪水。

　　當 HR 向我們提出薪水問題的時候，就說明他是在「為難」我們，同時也是在考驗我們。如果我們報出的薪水過低，那麼 HR 會認為我們不自信，也會對我們的工作能力產生懷疑；如果我們報出的薪水過高，又會讓 HR 誤認為我們貪婪，那麼即使我們真的有能力，公司也可能不會考慮。而上述案例中的劉晴，巧妙地利用模糊語言完美避開了兩難的尷尬問題。

　　不過我們需要注意的是，模糊語言是為了增強語言的靈活性和廣泛性，它只能作為一種輔助的表達，而不能作為主要的語言表達方式，我們在運用模糊語言的同時還要盡可能清晰地表達自己的觀點。

　　那麼，我們在運用模糊語言說話的時候要注意哪些問題呢？

🗨 說話技巧

(1) 模糊語言是具有明顯的目的性的，它並不是含糊其辭，而是故意為之。

(2)　我們在使用模糊語言的時候，要掌握分寸，把握好尺度。

(3)　切記不要讓我們的語言帶有歧義，以免引起不必要的誤解，更不要傷害到別人，同時還要注意使用的場合。

(4)　在使用模糊語言時，要做到簡潔明瞭，切忌重複囉唆，故意繞圈子。

　　如果我們能很好地掌握模糊語言的說話技巧，就可以在日常生活中幫助自己擺脫尷尬。模糊語言的妙處就在於，它能夠巧妙地化解尷尬，不留痕跡。但是，我們也要注意使用的場合和頻率，以免用多了讓對方產生不必要的懷疑，要知道，偶爾使用才能顯示我們的機智和聰明。

不做話題「終結者」和「冷場王」

在日常生活和工作中，我們每天都在說話。可以說，說話是我們必須做的事。雖然我們無法媲美蔡康永先生的口才，但是至少不能做「冷場王」，否則一出場就把話題「冰凍」了，誰還願意與我們聊天。

如果我們自帶「冰凍」裝置與人聊天，那麼只會讓我們「樹敵」越來越多。也許有人會說：「會不會說話都是天生的，後天學不好。」還有人說：「會說話的人都是油嘴滑舌，得有真本領才行。」

說這些話的人往往是忽略了語言能力的重要性，要知道，會說話其實也是一種非常重要的能力。因為，不管我們從事什麼樣的工作，我們都要與人交流，而與人交流的過程其實也是推銷自己的過程，這種能力關乎我們的生存和發展。

要知道，我們出生的時候可是連話都不會說的，後來不也是一字一句地慢慢累積、慢慢學的嗎？就如同蔡康永先生所說，說話其實也是有「道」的，只有當我們掌握了這個「道」，才不會一出場就「冰凍」全場；只有當我們掌握了這個「道」，才能成為一個會說話的人，才能在說話時談笑風生。

其實，高情商、會說話的人並不是圓滑世故、油嘴滑舌、見風使舵的人，而是因為他們懂得設身處地為他人著想，懂得

用換位思考的方式誠懇地對待他人。如果我們想要讓別人喜歡自己，就要先贏得別人的信任，如果我們想贏得別人的信任，就要先讓別人感受到自己的真誠。

但是，現實生活中，有許多人不僅不會說話，而且還自帶「冰凍」裝置，只要一出場，與人交流片刻就會讓對方感覺十分尷尬，把對方「凍」得不想再說話。

陳瓊有一位同事就是「冷場王」。

開始的時候，大家都認為可能是她的性格因素決定的，後來才發現，其實這與性格直率沒有太大的關係，最根本的問題還是因為她不會說話。

辦公室裡女同事居多，閒來無事的時候，最喜歡聚在一起聊八卦、聊明星、聊最近上映的電影、熱播的電視劇等等。可每次當大家正聊得開心的時候，這位女同事總是冷冷地說：「人家明星過明星的，你們過你們的，他們的生活跟你們有關係嗎？」或者說：「最討厭這種類型的電視劇了，不知道你們看的什麼勁！」

陳瓊和同事們每次都被她的話弄得興致全無，有時候也有同事很生氣，回嗆她說：「是沒什麼關係啊，我們就是想聊，跟你有什麼關係嗎？」然後由此引發了不必要的口舌之爭。

雖然這位女同事不喜歡聽別人聊八卦，但是卻喜歡嘮叨自己的家長裡短，甚至是雞皮蒜毛的事都喜歡拿出來說。比如，

兒子昨天受老師表揚了；老公給自己買了點東西；經常掛在嘴邊的就是兒子有多麼聰明，老師多麼喜歡；老公有多麼愛她等等。剛開始的時候，也有人隨聲附和幾句，可時間長了，每天都是同樣的話題，大家就不想再參與其中了。

其實，有誰願意天天聽這些家長裡短的事呢？她自己對別人的話不感興趣，還總喜歡潑冷水，既不懂得理解別人，又不懂得尊重別人，這一類型的人成為「冷場專業戶」也就不奇怪了。

在現實生活中，我們都喜歡會說話的人，這並不是因為我們歧視不會說話的人，而是因為大家都想在一個輕鬆愉悅的氛圍中交流，這是一種非常正常的現象。

💬 說話技巧

如果我們不想變成話題的「終結者」和「冷場王」，就要懂得站在對方的立場，多理解對方，用豐富的知識去豐盈自己的內心，就算真的不會表達，也要懂得尊重對方，在交流的過程中要多微笑、少說話，用自身的修養去感染對方。要知道，好好說話就是把別人放在心裡。

人與人交流是一件看似簡單其實不易的事，因此，我們都需要學習說話的技巧，努力做一個會說話的人。

英國詩人班 · 強生（Ben Jonson）說：「語言最能暴露一個人，只要你說話，我就能了解你。」也就是說，語言才是了解別

人最好的工具，會說話的人用美好的語言讓人心情愉悅，讓人有想去了解、去接近的慾望；而不會說話的人一開口不是笨嘴笨舌，就是讓人感覺尷尬無比，甚至很容易得罪人。這就是不一樣的語言所帶來的不一樣的效果。

尷尬瞬間，巧用幽默來解圍

人生在世，難免會遇到意料之外的事，尤其是在說話的時候，出現冷場或尷尬都是在所難免的。那麼當我們遇到這樣尷尬的局面時，應該怎麼處理呢？或者怎樣處理才能避免更大的麻煩呢？

此時，我們不妨略施小計，借用幽默的力量去化解它，想要控制局面，緩解緊張尷尬的氣氛，用幽默的方法再好不過了。因為幽默不僅有著巨大的感染力，使說話的氛圍變得愉悅，而且還能迅速化解尷尬，保全雙方的面子。

只有在尷尬的瞬間才能看出一個人的風度，因為如果在尷尬的瞬間我們還能保持一份自信從容的態度，就能使自己的內心處在一種平和的狀態，真正做到寵辱不驚。

當尷尬的事情發生後，如果我們只會自言自語：「這下可真的完了！該怎麼辦？」而沒有積極地採取應對措施，那麼我們一定會在心裡哀嘆很久。可如果我們換一種心態，用幽默的方式去解決問題時，那麼一切都不在話下。

一般情況下，有幽默感的人都是思維敏捷、反應迅速的人，不管在什麼樣的環境下，他們都能自信從容、寵辱不驚，並借用幽默的力量化險為夷。

有一位成功學講師，應邀到另外一個城市去辦講座，講座

馬上就要開始了，可下面的學員卻沒有幾個，好多位置都是空的，對此，主辦單位尷尬不已，不知道該如何向講師解釋。

講座開始後，這位成功學講師自信、從容地走到臺前，用一種神祕的語氣說：「嗯，我終於知道了，在場的每一位學員一定都非常富有。」臺下的學員們聽講師這樣說都是一頭霧水，不明所以，然後講師接著說：「你們看，那麼多空的座位，你們每個人都買了兩三個座位，難道不富有嗎？」

學員們先是一愣，然後哄堂大笑起來。這樣，原本尷尬的場面一下子就變得輕鬆起來了。說完這些後，講師就開始了自己正式的演講。

幽默不僅可以幫助自己化解尷尬，而且還能幫助他人擺脫困境。幽默可以使我們的交流變得更和諧、更融洽，同時也可以讓我們的生活多一點歡樂。

在生活中，尷尬無處不在，那麼，當我們遇到尷尬的情景時，又該如何運用幽默來化解呢？

🗨 說話技巧

▪ 將錯就錯法

我們在說話的時候，或多或少會犯一些小錯誤，如果沒有及時地採取措施，就可能會影響我們進一步的交流。此時我們可以用幽默的方式將錯就錯，借題發揮，化腐朽為神奇，將其原本的意義引申到另一個層面，以此來解圍。

需要注意的是，我們在使用這一方法時，一定要注意理由的充分，切不可欲蓋彌彰，讓自己下不來臺。

- **偷換概念法**

所謂偷換概念，是指把原本兩個不同的概念故意混淆起來，製造混亂，以達到擺脫尷尬的目的，最好是利用兩個彼此相近的概念，這樣才會更方便、更巧妙。

- **情景法**

情景法一般是在說話的過程中，巧妙地利用現場的情景大做文章的一種方法，在面對突發狀況時，這一方法會造成意想不到的效果。

- **順水推舟法**

當我們在說話的過程中，如果是對方說錯了話，令氣氛十分尷尬時，我們不妨順水推舟，順著他的錯誤，用幽默的方式幫助其擺脫尷尬。

還有一種是自嘲法，在上一節中已做詳細說明，這裡就不再過多闡述。

幽默是尷尬的剋星之一，我們在面對尷尬的局面時，不能聽之任之，讓尷尬影響了我們說話的氣氛，而是要運用幽默的語言化解尷尬。要知道，懂得在尷尬的瞬間，利用幽默來解圍的人都是情商高、會說話的人，這一類型的人不僅自信、風趣、幽默，而且還會使交流變得更愉悅、更順暢。

總有我們預料之外的情況

就算是再會說話的人，與人交流的時候也會遇到突如其來的尷尬局面，令人措手不及，所有的事情不可能都由我們來掌控，總有些情況在我們的預料之外，而這些突發情況才是導致我們陷入尷尬境地的原因。

那麼，我們來看看日常生活和工作中，有哪些常見的突發尷尬狀況以及應對措施。

▪ 有人和我們意見不一致

我們在與人交流的過程中總會遇到和我們意見不一致的人，或者是攻擊我們觀點的人。其實，在說話時進行自我防衛是一種非常正常的現象，因為對方不可能因為我們的觀點而改變自己的想法，畢竟試圖改變對方的想法是對對方的一種否定，是不利於交流的。

對方提出不同的意見，就是希望表達自己的想法。此時，我們應該站在對方的立場去思考問題，這樣對方才願意與我們分享，與我們交流。需要注意的是，這裡所說的站在對方的立場並不是沒有原則地贊同對方，而是透過換位思考了解對方內心的想法，調整自己說話的態度，用更溫和、更謙卑的態度去聊天，而不是一味地自我防衛。

同時，我們還是可以把彼此之間的分歧當作是一種比較的

機會，分析自己觀點與對方觀點不同的原因，然後吸取對方觀點中的可取之處。在不同的聲音中保持冷靜，會讓我們更清楚地認識自己的觀點是否正確。如果確實不正確，那麼我們對對方的觀點表示贊同；如果正確，則堅持自己的觀點，切記堅持的過程中不能一味地反駁，而是要尊重對方，這樣才能使交流順利地進行。

▪ 對方很生氣

如果對方在說話的時候情緒比較激動，很生氣，那麼這個時候不管我們說什麼，對方都不可能聽進去，更別談進一步的交流了，此時我們的語言只會火上澆油。我們在面對這種情況時，最好是花一點時間去傾聽，去考慮他們的感受，讓對方發洩自己的情緒，這樣才能化解不良的情緒，只有當對方不再生氣了，交流才有可能繼續下去。

與此同時，我們在整個過程中都要注意自己的情緒，不要被對方的情緒傳染了，要知道，憤怒是容易傳染的。

▪ 對方不停地批判我們

假如我們和對方聊天時，對方總是不停地批判我們，我們又該怎樣處理呢？

此時，最重要的是必須要保持冷靜，不能直接嗆回去，否則交流就無法繼續下去了。面對這樣的情況，我們不妨想一想對方為什麼會批判我們。有時候批判也並非是沒有道理的。如

果是，就接受對方的批判，如果不是，也不一定要和對方辯解到底，如果他們認為自己的想法才是正確的，就不可能聽進任何人的話。

▪ 有人總是抱怨

有些人總是習慣聊天的時候向對方抱怨，總是習慣用負面悲觀的態度看待問題，哪怕是他們杯子裡只有半杯水，也會抱怨是杯子太小的緣故。

這種負面悲觀的態度不是一天形成的。要想改變，還需要很長的時間。要知道，壞情緒是會傳染的，當他們抱怨的時候，就很容易把這種負面的情緒傳遞給別人。當我們遇到這樣的情況時，不要正面說教，而是要採取引導的方式，讓他們多想想積極向上的一面，或者是尋找一個恰當的機會，隨意、自然地提起抱怨的危害，讓對方真正意識到抱怨對人際關係的影響。

需要注意的是，我們在說這件事的時候要站在對方的立場，平等、真誠地告訴對方，而不是用高高在上的姿態說教，否則只會適得其反。

▪ 有人說話很魯莽

有一部分人在說話的時候會出現比較粗魯的行為，如果我們遇到這種情況，切記不可直言不諱與之爭辯，因為與這一類型的人爭辯是毫無意義的。

如果對方是我們的同事、朋友或是關係密切的人，我們可以在恰當的時機，試著用溫和的方式去解決，可如果對方是我們不太了解的人，那麼我們這樣做也是枉然。因為說話魯莽的人，對語言帶來的影響並不敏感，也就是說語言的力量還不足以影響到他。

我們面對這樣的情況時，最好的做法是先讓自己保持冷靜，再慎重地試著與其溝通，比如，我們可以說：「你一定要用剛才的方式給別人留下深刻的印象嗎？」用這樣的話讓他們意識到自己的魯莽行為，如果對方聽進去了，那麼還有繼續交流的可能。

如果對方依舊如此，我們不妨找一個藉口先行離開。

假如我們在說話時受到了對方的語言攻擊，離開是最明智的選擇，不要覺得是悻悻而去，只要我們把自己的想法表達清楚就行了，最好離開後找其他人聊聊天，以緩解心中的不快。

▪ 有人總想改變我們的行為

有時候，我們會發現有人總想改變我們的行為，把自己的想法強加在我們的身上，總希望我們可以順著他們的意願去做事。比如面試時、相親時，他們總認為我們換個髮型、換件衣服才會成功，如果不聽他們的就會失敗。這個時候，和他們講道理，表述自己的觀點都只是徒勞，因為他們打定主意要改變我們的行為。此時，我們要做的不是爭辯，而是應該簡單直接

地告訴對方：「謝謝你的建議，但是我不想那樣。」

如果對方還是咄咄逼人，我們就更應該堅持自己的想法，讓對方意識到無法改變我們的觀點，對方自然會放棄。

▪ 有人喋喋不休

有時候，我們還會遇到這樣的情況：有人一說起話來就喋喋不休，一直叨叨絮絮個不停，我們連插句話都很難。要知道，說話是彼此雙方的交流，不是一個人的獨角戲。此時，我們可以嘗試抓住他們說話的內容，藉機引出新的話題，改變說話的主動權，如果我們嘗試幾次後都失敗了，那麼大可藉機離開，不要將精力浪費在不必要的人和事上。

▪ 有人總是插嘴

在說話的過程中，適當適時的插嘴是可以的，但是，如果有人總是插嘴，每次都打斷我們正在說的內容，那就是一種不禮貌的行為了，此時我們又該怎麼辦呢？

這一類型的人之所以喜歡打斷別人的談話，是因為他們熱衷談論，熱衷表達自己的想法，他們在說話時更喜歡以自我為中心，喜歡別人配合他。交談不是獨白，既然是交談，就應該是相互配合，而不是一個人自說自唱。

如果我們在工作中和生活中遇到這一類型的人，一開始可以給他們多一些自我表達的機會，傾聽他們的想法和意見，接著繼續交流。可如果接下來的情況還是如此，那麼我們不妨直

接告訴對方,讓對方等我們把話說完;如果對方不願意,那就表示他們更喜歡一個人獨白,此時,我們也可以結束交談了。

　　總之,如果我們在說話的過程中遇到預料之外的情況,要懂因地而異、因人而異、因時而異,具體情況具體對待,這樣才能化解尷尬,使交流順利進行。

未雨綢繆早安排，各種話題早準備

我們在日常生活和交往中經常會遇到冷場、尷尬的情況，特別是在正式場合中，如果出現了尷尬的狀況就會令我們感到更窘迫。要知道，如果我們和聊天的對象之間存在以下幾種情況，那麼就很容易出現尷尬的情況。

(1) 彼此都不熟悉。

(2) 沒有共同的興趣愛好。

(3) 三觀不合。

(4) 性格迥異，素養、修養差異大。

(5) 年齡、身分、職業、地位差異大。

(6) 彼此之間有利益衝突。

(7) 一方或雙方性格內向。

(8) 長時間沒有來往，感情比較疏遠。

(9) 與異性單獨相處的時候。

如果在以上情景中出現冷場，那麼就會讓彼此都會感覺很尷尬，但如果我們未雨綢繆早做安排，就可以很好地打破尷尬，具體做法可以參考以下幾點。

🗨 說話技巧

▪ 學會風趣接話，轉移話題

我們在說話的過程中要善於抓住對方的話題，學會用風趣幽默的語言接答，這樣不僅可以活躍說話的氛圍，而且還能很好地轉移話題。比如，當我們誇獎對方的時候，對方總是會說：「還好，一般般。」如果我們不接話，就是贊同對方「一般」的說法，那麼就達不到誇獎的作用了。此時，我們可以接過對方的話，開玩笑地說：「你一般都是如此的話，那我們『二般』的就可想而知了，還讓不讓人活了？上個月你的業績可是有目共睹的……」這樣就很好地接過了對方的話，還造成了轉移話題的作用。

小榮是某公司的區域經理，公司為了提高客戶的滿意度，加強與客戶之間的連繫，每年都會舉辦「客戶答謝會」，與會期間，小榮的主要工作任務就是陪同他的客戶李經理。會議結束後，他們談論起了某商場的銷售情況，後來，李經理有感而發地說：「現如今的市場競爭可真是夠激烈的。」小榮立刻接過話題說：「是的，現在的競爭真的是越來越激烈了，您公司的業務員也挺多的吧……」然後小榮順利地把話題轉移到了自己想要了解的地方上。

▪ 學會拓展話題的領域

我們在說話的時候要注意，所說的第一句話要能讓所有人都了解，都能發表自己的看法，這樣大家才能暢所欲言。然後

我們才能在對方的言詞中找到對方的喜好和感興趣的話題，這樣才能順著對方的愛好拓展話題的領域。

如果我們不知道對方的近況，最好不要輕易問對方是做什麼工作的，因為也許對方正處於失業狀態，貿然開口詢問工作狀況就是強迫他承認自己失業了，這在一定程度上會傷害對方的自尊心，是不利於彼此之間交流的。

如果我們想知道對方的職業，也可從側面試探地詢問，會比直接開口要好得多。比如，我們可以問對方最近是否很忙，平時都有哪些消遣等等，然後透過對方的回答來猜測、判斷對方的職業，這樣就不會顯得唐突、無禮了。只有當我們了解了對方的職業後，才可以談論有關他工作範圍的話題，否則還是談論其他話題會比較合適。

▪ 學會適時提出引導性話題

除了以上兩點外，我們還要學會適時提出引導性的話題，給對方留下說話的時間和空間。引導性的話題可以從對方的興趣愛好和職業等方面出發，例如，我們可以問：「看你最近心情不錯，是有什麼高興的事嗎？」、「你幫你家孩子報興趣班了嗎？最近我正在為這個事頭痛！」、「聽說你升遷了，還沒好好恭喜你呢！」等等，先用這些日常溫暖的話與對方寒暄，然後再根據自己的需求展開話題的談論。

我們在提出引導性的話題時，要注意話題的可談性和可公

開性，切記不可在公開場合談論他人的隱私或是在他人背後妄加議論。過於敏感的話題或是太深奧的話題都會讓對方無話可說，我們提出話題的目的是讓對方與我們更好地交流，而不是故意刁難對方，顯示自己的才能，看對方笑話，否則提出引導性話題的意義何在？

注意，我們在提出引導性話題的時候還要注意方法和策略，所問的問題要切合實際，最好不要問一些只是附和的問題，這樣等對方回答完問題後，反而會陷入冷場的尷尬境地，就失去提問的意義了。

除此之外，我們在說話的過程中要想打破尷尬的局面，還要注意以下幾個事項：

(1) 我們在說話時，如果自己總在侃侃而談、口若懸河，不給對方說話的機會，那麼就要注意說話時要適可而止，不能一個人唱獨角戲，否則對方會認為我們是在單方面說教。

(2) 如果自己說話時總是一副高高在上、盛氣凌人的態度，那麼必然會引起對方的反感，造成對方的沉默。此時，我們要進行自我反思，注意說話時要態度謙虛，多想想對方的長處，適當地稱讚對方。

(3) 如果我們說話時太清高、架子太大，就會造成對方的沉默或是疏遠，因此，我們應該在以後的交談中更主動一點、客氣一點、隨和一點。

(4) 幾乎所有的人都喜歡說教，而不喜歡被說教，所以，有時候，我們大可裝作不懂的樣子，多聽取對方的意見，這樣對方才願意開口說話。反之，我們表現的什麼都懂，對方就會在說話時有所顧慮，不會暢所欲言。因此，我們在說話時可以採取請教的姿態，讓對方有優越感，這樣才能引出對方說話的慾望。

要知道，冷場、尷尬的出現，往往是話題準備得不夠充分導致的。所以，我在說話前要未雨綢繆，提前做好準備工作，把話題準備得更充分一些，以便說話時隨時提取。

委婉拒絕，既不傷人又不尷尬

眾所周知，不管是在日常生活中還是在工作中，熱情地幫助他人有助於建立良好的人際關係。但是，有時候別人提出的要求我們也很難做到有求必應，那麼就會出現這樣的情況：答應別人的要求會使自己為難；拒絕別人的要求又怕傷害對方的感情，讓對方失望和尷尬。所以，對許多人來說，拒絕別人是一件既痛苦又困難的事情。

委婉地拒絕別人的要求，既是一門藝術，又是一門學問，更是一個人綜合素養的展現。當別人提出的要求我們很難做到時，最好採用委婉拒絕的方式，顧忌被拒絕者的情面，以免雙方尷尬。相比直接拒絕，委婉的拒絕更容易讓人接受。

當別人提出請求後，我們最好不要馬上回答對方，而是說一些理由讓對方不得已自動放棄，這樣就可以減少拒絕時的尷尬。

可以說，這一方法不失為一種拒絕別人的好方法，是值得我們學習和借鑑的。

特別是有朋友向我們借錢的時候，我們會顯得更為難。因為當朋友借錢後，按時還錢倒還好，就怕借了不還，最終可能會鬧得人財兩空。那麼早知今日，當初為什麼沒有拒絕朋友的要求？是不知道該如何拒絕，還是怕拒絕後引起尷尬呢？拒絕

別人的要求是需要技巧的，那麼我們應該怎樣拒絕才能既不傷害彼此的情誼，又能避免尷尬呢？

我們先來看一個案例，也許答案就在其中。

幾年前，陳林和妻子看著經濟環境大好，人們對生活品質的要求都在不斷地提高，他們把目光瞄準了新社區的年輕夫妻，然後貸款在新社區開了一家中高價位的水果店。由於他們夫妻服務熱情、周到，水果也很新鮮，所以兩年下來，水果店的生意是門庭若市，日子也過得很順利。

陳林有一個兒時玩伴叫肖劍，整天遊手好閒，不務正業，為此陳林沒少勸過他。有一天，肖劍來到水果店找到陳林，開口就讓陳林借給他五千元，說是周轉幾天，過一段時間就還。

陳林知道這位兒時玩伴整天遊手好閒，連工作都不穩定，哪有還款能力呢。如果把錢借給他，無疑是「肉包子打狗 —— 有去無回了」，況且水果店的營運也是需要錢的。

於是，陳林就對肖劍說：「要不過一段時間吧，水果店看著生意好，可是為了保證水果的新鮮，每天都要進貨，損耗其實挺大的，最重要的是我馬上要還銀行貸款了，你知道，銀行的貸款可是不能拖欠的。」

聽陳林這樣說，肖劍也只好識趣地離開了。

如果我們在拒絕別人的時候沒有處理好，就很容易影響彼此之間的關係，甚至會遭到別人的記恨，所以，我們要委婉地拒

絕別人的要求，最好繞個彎說「不」，不要過於直接，以免傷害對方的自尊心。一般情況下，只要我們委婉地表達出了自己的意願，對方都能理解，所以委婉地表達比直接拒絕來得更合適。

那麼我們怎樣委婉地拒絕別人的要求，才能既不讓別人丟面子，又能讓別人接受呢？希望下面五個拒絕的技巧對你有所幫助。

說話技巧

▪ 拖延回答

比如，有朋友說：「今天晚上一起吃飯吧，順便聊一聊。」如果你不想去，你可以說：「今天恐怕不行，手上還有一些工作沒有完成，改天吧，改天我一定去。」這樣委婉地回答比「不行」、「沒空」、「去不了」更容易讓對方接受。

▪ 藉故推託

比如，有同事想請你幫忙，但是不好意思直接開口，就想請你吃飯以便求你幫忙。如果你直接說「不」，顯然不利於同事關係的和諧，那麼你可以藉故推脫說：「不好意思，今天家裡臨時有事，去不了了。」一般情況下，對方就會明白你的意思了。

▪ 用答非所問的方式，委婉拒絕對方

比如，朋友約你星期天去公園划船，如果你不想去，你可以用答非所問的方式來婉拒：「要不去看場電影吧，聽說最近新

上映的電影還不錯。」這樣對方就知道你不想去划船了。

▪ 用幽默的話拒絕別人

有時候，我們在拒絕別人的時候，還可以加點幽默的話。這樣既不會讓對方難堪，又不會使氣氛太過壓抑和尷尬。

▪ 先揚後抑

在拒絕別人的要求時，還有一種先揚後抑的方法，就是先肯定你贊同的部分，然後再表達自己的反對意見，這樣比直接拒絕態度更溫和，而且還表達了自己的想法。

總之，我們在拒絕別人的要求時，直接說「不」確實很容易傷害到對方，也容易造成尷尬的局面，甚至還會影響彼此之間的感情。所以，學會委婉拒絕別人的要求，既可以避免尷尬，又可以讓我們的人緣變得更好，還可以顯示出我們的修養，何樂而不為呢？

第五章
自信演講，高效表達，
讓全世界都聽你的

一個成功的演講者，

要想讓自己的演講得到高效率表達，

成功吸引聽眾的注意力並得到聽眾的認可，

除了具備演講的好口才之外，

還需要敏銳的觀察力與臨場應變能力。

本章從開場白、準備工作、突發狀況、臺風與個性、

收尾等幾個方面談起，教你學會如何自信演講，

成為一個最受歡迎的演講者。

四種最精彩的開場白方式，
教你如何快速征服聽眾

一場演講，要想迅速抓住聽眾的心，想讓聽眾被你的演講所吸引，有聽下去的衝動和慾望，那麼演講的開場白就顯得尤為重要。就好比一部電影、一本好書、一個故事，只有開篇主題新穎、獨具匠心，才能促使人們有聽下去、看下去的慾望。否則，即使你後面的內容再精彩紛呈，聽眾也會由開場白聯想到你的演講內容，認為你的演講不會精彩，又或者，當我們在臺上激動昂揚時，聽眾卻早已在臺下昏昏欲睡，夢遊到九霄雲外去了。

著名文學家高爾基（Maxim Gorky）曾說：「最難的是開場白，就是第一句話，如同在音樂上一樣，全曲的音調，都是它給予的，平常卻又得花好久去尋找。」可見演講開場白的重要性。開場白就如人的第一印象一樣，我們要想不費吹灰之力、三言兩語就吸引聽眾的注意力，打動聽眾，實在不是一件容易的事。

畢竟，一個好的開場白，除了能給聽眾留下良好的印象外，還可以藉此拉近演講者與聽眾的距離，增加對方的好感度。不僅如此，還能在短時間內集中聽眾注意力，並順利將聽眾的注意力與熱情過渡到接下來的演講內容上。

一般來說，開場白的精彩與否除了決定印象分之外，還有著另外三種作用。

(1) 成功吸引聽眾的注意力，並由此激發出聽眾的好奇心。

(2) 為接下來的演講內容做一個良好的引導。

(3) 向聽眾闡述演講所要表達的內容與目的。

當然，開場白最主要的目的還是吸引聽眾的注意力，帶動聽眾的積極性。由於開場白是整場演講中最先讓聽眾接觸感受的內容，因此，開場白如果是陳腔濫調，毫無獨特之處，聽眾就會很快失去繼續傾聽的熱情與慾望，那我們的演講又如何能夠打動人心，獲得成功呢？

反之，如果我們能用一段精彩的開場白來牢牢抓住聽眾的心，那我們就不必杞人憂天地擔心聽眾中途離場，擔心演講不能成功了。那麼，我們應該如何做才能讓開場白成功吸引到聽眾的注意呢？以下四種最精彩的開場白方式，教你如何快速征服聽眾。

🗨 說話技巧

▪ 開門見山，一針見血

開門見山的好處就在於，不拐彎抹角，不拖泥帶水，一上來就直奔主題，語言簡潔幹練、一針見血，讓人印象深刻，並且可以迅速把聽眾的熱情與積極性帶動起來。其最鮮明的特點

就是言簡意賅、有的放矢，不浪費彼此的時間，單刀直入地快速讓聽眾進入狀態。

一旦聽眾進入狀態後，他怎麼捨得錯過如此精彩的演講呢？更不會白白浪費時間在臺下昏昏欲睡了。並且，這種方式還可以有效避免冷場與尷尬的局面。

▪ 自嘲、幽默式開場

所謂自嘲就是自己開自己的玩笑，用一些詼諧幽默的自嘲式開場白來吸引別人的關注，並在歡聲笑語中拉近與聽眾的距離，這種是最直接也是最有效的開場方式。

著名學者胡適有次演講時，就很好地運用了這種開場白。他在臺上對聽眾說：「我今天不是來給大家做學術報告，而是來胡編亂造的，因為我姓胡……」話還沒說完，臺下的聽眾就哈哈大笑了起來。

這種開場白是不是很巧妙？不僅成功介紹了自己，吸引了聽眾的注意力，而且還活躍了氣氛，可謂是一舉三得。這是自嘲、幽默式開場白的典範。

▪ 製造懸念

每個人都有一顆好奇心，對於未知的事物更想一探究竟。我們不妨以製造懸念的方式來作為開場白，勾起聽眾的好奇心。當然，這裡所說的製造懸念只是單純地賣個關子，且只在開場白的時候使用。一旦時機成熟就應立即解開懸念，滿足聽

眾的好奇心，否則，拖得越久，反而會讓聽眾失去興趣與耐心。

▪ 運用奇論妙語

對於一些枯燥乏味又毫無新意的陳腔濫調，聽眾的耳朵早已聽出了繭。即使你口若懸河、滔滔不絕，在聽眾的心理也激不起多大的漣漪。反之，如果我們的開場白語言能別出心裁、獨具匠心，那勢必驚豔四座，讓人回味無窮。

值得注意的是，運用奇論妙語這種方式時，千萬不能為了吸睛就喪失原則與底線，更不能做一些過分誇張的動作與表情，不然只會引起聽眾的反感與厭惡。所以，我們一定要嚴格把握好分寸。

一個成功的演講者，不管開場之前做了多少準備工作，也無論演講內容多麼精彩絕倫，如果開場白不能成功吸引到聽眾的注意力，那麼也是白費工夫，讓聽眾沒有繼續傾聽下去的慾望，不能引起太大的反響。可能很多人不以為然，但事實就是如此。只有獨具匠心的開場白才能成功吸引聽眾的注意力，帶動聽眾的積極性也只有開場白內容新穎獨特、獨樹一幟，才能給聽眾留下深刻而美好的印象，才能促使聽眾認真耐心地傾聽接下來的演講內容。

這樣結尾，讓你的演講更霸氣

每一個故事都只有一首主題歌，每一首音樂都會曲終人散。演講同樣也需要一個完美的收場來作為結尾，所有的演講結尾都是對演講內容的一種總結和概述，是對聽眾的一種許諾，更是對自己觀點與理念的一種傳播與堅持。

如果說獨具匠心的開場白是為了吸引聽眾的注意力，那麼完美的結尾則是對精彩絕倫的演講主題所做的昇華，是將聽眾的興趣引向高潮。在演講的最後階段，一段好的結束語更是能造成畫龍點睛的作用，為演講畫上一個完美而圓滿的句號。

既然結尾如此重要，那麼，在準備結尾的過程中，我們需要注意哪些方面的問題呢？

首先，結尾的話一定不要拖沓和重複，應簡明扼要、義正詞嚴。畢竟結尾是對整個演講做出的總結，是為了更好地突出演講的主題，所以不要節外生枝，以免廢話過多而破壞了整場演講的完整與和諧，擾亂了聽眾之前的良好興致。

其次，結尾的內容要充滿熱情並富有哲理，要既能勾起聽眾的共鳴，又能讓聽眾有所期待，千萬不要給人一種居高臨下、高不可攀的感覺。

最後，結尾的內容不要陳腔濫調、毫無新意，也不要千篇一律地使用一些致謝、謙虛等空洞的語言來敷衍聽眾。尤其不

要抱著一種走過場、完成任務的心態，不然，你能糊弄得了這一場，也糊弄不了下一場。

演講不僅僅是傳播一種觀念與理念，更是一場人際關係的 **PK** 大賽，如果我們不能畫龍點睛地策劃出一個完美的收場方式，那我們又憑什麼去吸引聽眾，讓聽眾流連忘返、回味無窮呢？我們又如何去發展人際關係，獲得更多人的認可與支持呢？

一場精彩的演講，就好比是一部充滿懸疑的電視劇，情節跌宕起伏，結局故作懸念、引人深思，讓觀眾抱有一種期待，希望還會有第二部、第三部。演講不也是如此嗎？只有強而有力的結尾才能發人深省，令人期待。

那麼，我們在做演講結尾時，應該注意些什麼呢？以下幾個方法將告訴你，在演講的最後階段這樣結尾，才會讓你的演講更霸氣，讓聽眾意猶未盡、回味無窮。

💬 說話技巧

▪ 一字一句認真準備結尾

為了讓結尾的內容有內涵、有深度，給人留下深刻的印象，我們在準備演講的結尾內容時，要一字一句斟酌，思慮再三，一定要結合開場白，做到首尾呼應、前後銜接。

結尾內容也要表達得清晰明瞭，要給整場演講做一個綜合性的概述，千萬不要模稜兩可、前言不搭後語。

▪ 結尾時發出號召

結尾時發出號召，意在帶動聽眾的積極性，讓演講的氛圍達到新一輪的高潮。同時在語言的表達方式上，也要注意聲情並茂，以情動人。要發揮出熱情，鏗鏘有力，擲地有聲，要從言論與氣勢上提高聽眾參與的熱情。

▪ 結尾時進行總結

任何事物都有其必然存在的因果關係，在演講即將進入尾聲時，我們必然也要進行總結與概括，比如「以上就是今天演講的全部內容……」，然後再詳細列出個一二三點，這樣聽眾自然就能明白這是演講結尾的前兆了。

▪ 結尾時講個故事

在演講快要進入結尾階段時，可以用一個簡短的富有深意的小故事來做個比對，然後用故事富含的寓意來間接地告訴聽眾，演講即將進入尾聲。

▪ 讓聽眾開懷大笑

運用詼諧幽默的說話方式永遠都不會過時，並且還能避免冷場與尷尬。所以在收尾時，我們不妨俏皮一下，用一個與演講主題相關的笑話，或者自嘲的方式，來提起聽眾的情緒，讓聽眾在開懷大笑的愉悅心情中接收到演講結束的訊號。

▪ 讓結尾充滿韻味

除了總結、概括的結尾方式外，我們還可以引用一些名人名言、名詩名句來作為結尾。這樣不僅顯得有內涵，充滿韻味，同時還能有效激發出聽眾積極向上的動力。

▪ 結尾時給人啟迪

畫龍點睛地策劃完美的收場，不僅僅是提高聽眾的積極性，使聽眾從振奮人心的演講中獲得信心與勇氣，更重要的是透過結尾的內容給聽眾以啟迪，讓聽眾能修練出永不言棄的強大內心。

▪ 清楚言明演講到此結束

當演講者講完最後的結束語，聽眾依然意猶未盡不願離場時，這時不妨對聽眾清楚言明演講到此結束，並以微笑示意，千萬不要急不可耐地去做一些不禮貌與不尊重人的事。比如，收拾演講稿、接聽電話、整理自己的著裝等，做一些離場前的準備。尤其不要在結尾的話剛一出口的情況下就趕緊離場，否則，聽眾只會認為你徒有虛表，說一套做一套。

▪ 等待聽眾鼓掌

大多數情況下，當一場演講結束時，聽眾都會爆發出熱烈的掌聲來表達自己對演講者的尊重。但並不是所有的聽眾都能及時關注到這一點，所以就會導致演講者說完結束語，而聽眾不明就裡，現場鴉雀無聲的情況。這種情況下，我們應該如何面對呢？

此時，我們不妨稍作一下停頓，以專注的目光去看臺下的聽眾。當有人開始鼓掌時，我們點頭回應對方，然後再親切地說「謝謝大家」，這樣掌聲此起彼伏，觀眾自然就會明白演講已經正式結束。

大腦空白不用怕，故事陳述巧幫你

很多人常常都有這樣的疑慮：為什麼演講前做了大量準備工作，可一上正式演講的舞臺，面對臺下的聽眾時，還是會神情緊張，導致大腦一片空白呢？

其實，這都是人的心理過於緊張而引起的。緊張，是人體由於受到外界的影響而產生的一種心理反應，它在任何情況下都有可能存在，尤其是在人多的場合，諸如演講中。不管演講者的個性特別外向或內向，也不管是即興演講還是命題演講，每個人的心裡或多或少都會情緒緊張，擔心演講忘詞、不能引起聽眾的反響，或者冷場。

殊不知，你越擔心就越容易緊張，越緊張就越會導致大腦空白而忘詞。有些演講者為了避免忘詞而出現尷尬，會採取死記硬背的方法將演講稿全文背誦下來，卻忽略了重要的一點 —— 不管是忘詞還是大腦一片空白，都是緊張引起的。

雖然死記硬背會讓你將演講稿背得滾瓜爛熟，但在表達時卻沒有任何感情因素，會讓聽眾覺得你只是在完成任務，這樣自然不能引發聽眾的共鳴，激發起聽眾的興趣，而你的演講也達不到一個很好的效果。

那麼我們應該如何做呢？這裡告訴大家最有效最簡單的一招 —— 故事性陳述。如果我們能掌握並合理運用故事性陳述的

三個技巧，自然就能避免大腦空白的尷尬了。

以下三種方法，值得借鑑。

💬 說話技巧

▪ 用故事，帶大綱

很多人之所以緊張，就是擔心忘詞，那麼我們在演講時何不把演講內容想像成一個故事呢？用故事情節來帶動大綱，是不是就更容易在腦海中形成印象呢？

一個故事本身就有一個完整的大綱題材，所以，我們只需要掌握故事的相關情節，不需要死記硬背就能很快想起來。比如，《白雪公主和七個小矮人》的故事，即便我們由於緊張而忘了毒蘋果，但我們總不會忘了惡毒的王后與她的魔鏡吧！想到王后和魔鏡是不是就能聯想到獵人，想到獵人是不是就能聯想到森林和七個小矮人呢？這樣一環扣一環，以延伸故事情節的方式就能避免大腦空白而忘詞的情況了。

▪ 說故事，加感想

演講的結構一般都是開場主題、內容陳述、結尾總結，那麼我們在運用故事性陳述的方式時，也可以先點出主題，然後再陳述相關故事，之後再加上總結與感想。

例如，若以逆襲這個話題來作為演講的主題，就可以試著這樣說：「今天演講的主題是關於逆襲。上天對每個人都是公平

的，在對你關上一扇門的同時，一定還會為你開啟一扇窗。」

在一個城堡中，有位老人膝下有兩個兒子，在他去世後，哥哥用計騙走了弟弟名下所有的財產，弟弟瞬間變得一無所有，流浪街頭。某一天，他收留了一隻流浪貓，正是這隻其貌不揚的貓最後運用魔法讓弟弟擁有了數不盡的財富。最後，弟弟還成功娶到了城堡的公主，過上了美滿而幸福的生活。

本來，弟弟收留這隻貓時只是出於同情，但沒想到正是這隻小小的貓卻讓他成功逆襲，並改變了自己的一生。

你看，這樣先點出主題，陳述故事，然後再總結加感想的方法，是不是能夠將演講輕輕鬆鬆完成呢？不但能夠聲情並茂地快速吸引聽眾，而且更不容易忘詞。

▪ 貼標籤，存故事

每一場演講，由於場合、聽眾、主題的不同，所以我們在演講時的心理感受也是不同的。為了避免緊張而導致的大腦空白，我們在日常的生活與工作中就應該時時留意身邊發生的小故事，因為一個故事往往可以對應不同的演講主題。

比如，同樣是一個故事，上面我們講的主題是逆襲，窮小子逆襲成功贏取白富美，但此時我們還可以用這個故事來做一個形象與包裝方面的話題探討：

「瞧，一個連自身溫飽都難以解決的窮小子，在一番包裝之後卻擁有了身分與財富，娶到了高不可攀的公主，可見，形象

與包裝對於改變人的一生有著至關重要的作用；反之，如果窮小子沒有得到貓的幫助，那麼他又如何能遇到公主呢？如果沒有足夠的財富作為支撐，他又憑什麼能養得起嬌貴的公主呢？」

　　所以，除了形象包裝，後盾也很重要。如果我們能靈活運用，把一個故事貼上不同類目的標籤，那麼我們便可輕鬆自如地應付不同類型的演講題材了。

　　當然，在運用故事性陳述這種方法時，我們的重點還是應該以符合演講命題的故事為宜，然後再引經據典，將它完美地呈現出來。在這種輕鬆自如的環境下演講，我們也能有效避免緊張所帶來的大腦空白，更可以讓尷尬離我們遠遠的。

即興演講，如何不慌不忙變大神

什麼是即興演講？所謂即興演講，就是指演講者在脫離演講稿的情況下，臨場發揮表達觀點的一種口語交際活動。即興，也就代表演講者沒有時間去做出足夠的準備與應對，它考驗的是演講者的知識累積與臨場應變能力。

雖然說大多數的演講都是經過精心準備的，但我們在演講的過程中也難免會遇到一些特殊的場合。比如，新品發布、婚宴嫁娶、晚宴酒會等，也會因為一些不確定的因素自發或被動地透過臨場說話來表達情感，這種毫無準備、臨場發揮的講話就稱之為即興演講。

即興演講一般是在演講者毫無準備的情況下給對方一個話題或者圖片，又或者是根據當時的情景與狀況來臨場發表觀點與意見，所以時間一般不會很長。因此，我們在做即興演講時一定要抓緊時機描述重點，千萬不要廢話連篇。不然，囉哩囉嗦一大堆，講不到重點，也就達不到即興演講的目的。

即興演講已經越來越廣泛地運用於我們的日常生活和人際交往中。一般來說，即興演講具有以下幾方面的特點：

（1）臨場性：即興演講最大的特點就是因人、因事而異，臨場發揮，想到什麼說什麼，它不像命題演講那樣需要事先做好充分的準備工作。

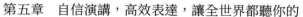

（2）**敏捷性**：與命題演講的區別就是，即興演講需要演講者在較短時間內迅速對某一話題進行歸納和構思，並組織語言，根據情景對象的不同而做出談話。

（3）**語言簡潔**：因為沒有多餘的時間來思考與準備，所以即興演講時語言一定要簡潔而生動，並富有邏輯性。要在自己的腦海中形成一個大致的輪廓，分清主與次、先與後。

很多人在面對即興演講時常常不知所措，覺得很難面對。實際上，只要我們在平時熟練掌握一些技巧和方法，不管是哪種場合下的即興演講，我們都能不慌不忙，成為演講大神。下面就讓我們一起來看看即興演講需要做好哪些準備。

💬 說話技巧

▪ 掌握即興演講的技巧

想要掌握即興演講的技巧，我們不妨從兩個方面來入手：一是從日常的生活中隨時設定和抽取一些常見的命題來培養自己的思考能力；二是透過朋友和同事圍繞某個故事情節來展開討論，培養自己的想像能力。

透過這些日常的鍛鍊與培養，我們便可以信心十足地面對各種情況下的即興演講了。

▪ 預設突發狀況

既然是即興演講，那麼很多情況下我們自然是始料不及、

毫無準備的。所以，我們就要沉著而冷靜的做好突發狀況的預設。比如說，主管在臺上講話時，我們心裡就可以反問下自己：如果此刻被邀請到臺上講話時，我應該如何抓住重點？應該怎樣提高聽眾的熱情？……

如果我們能經常在心裡反問下自己，做一個預設，那麼，在面對即興演講時，我們也就不會神情慌亂而不知如何應對了。

▪ 不知所措時試著舉例說明

即興演講，當我們茫然不知所措時，不妨透過舉例說明的方式來展開演講。舉例說明不僅能讓我們帶動聽眾的積極性與注意力，還能幫助我們消除自身的緊張感，同時也有助於我們擺脫尷尬的窘境。

▪ 保持積極樂觀的心態

情緒是可以互相傳染的。如果在演講的過程中充滿活力，保持積極樂觀的心態，哪怕是即興演講，我們也能很好地帶動聽眾的情緒，將演講的效果發揮到最佳。

▪ 隨機應變，臨場發揮

某些時候，當你在臺下認認真真做聽眾時，卻忽然有人提議請你上臺講幾句話，或者在他人的推薦下，主持人突然就在臺上叫了你的名字，遇到這種毫無徵兆的邀請，應該怎麼辦？

逃避自然是不可能的，因為此時眾人的目光全部都聚焦在你身上。此刻，你不妨大方地走上講臺中央，利用與聽眾和主

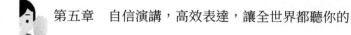

持人打招呼的機會來爭取一個喘息的機會。待心情稍稍平復下來後，就要快速尋找一個能引起聽眾共鳴的話題，話題的尋找不妨圍繞以下三方面來展開：聽眾、場合、複述上一位演講者的內容。這樣隨機應變、臨場發揮的即興演講能收到不錯的效果，獲得聽眾的認可。

- **切忌胡編亂造**

即興演講考驗的就是演講者的口才與知識的累積，我們不能為了吸引聽眾的關注就胡編亂造，把一些不符合事實依據、不著邊際的事物硬生生地牽扯在一起，而應該目標明確、邏輯清晰，有層次、有條理地向聽眾表述演講的內容。

最優秀的演講都是準備出來的

任何一場演講要想取得圓滿的成功，除了演講者豐富的知識累積外，更離不開前期的準備工作。因為演講不像是雙方你來我往的話家常、閒聊，演講面臨的是不同層次的聽眾，是傳播和弘揚學術觀點、提高演講者口才與思維能力的舞臺。

因此，每一篇演講稿也都是經過深思熟慮才寫出來的。演講的內容要有看點、有深度，能吸引聽眾的注意力，那麼演講的前期準備工作中，選題和材料就顯得尤為重要。

所謂演講，就是演講者就某些問題向聽眾闡述自己獨特的看法或見解。而話題和資料，則是讓演講者產生演講動機的最主要原因，同時也是能否吸引聽眾注意力的決定性因素。只有有了動機的存在，我們才可能進一步圍繞這個動機去展開工作，去做演講話題與資料的收集和整理等準備工作。

可以說，演講話題與資料的準備工作將直接影響演講的成功與否，展現著演講的核心價值。畢竟，好的話題才能帶動聽眾的情緒，激發出聽眾的興趣，讓聽眾有聽的慾望。雖然話題是吸引聽眾的關鍵，但我們在準備資料時，也不能太過敷衍。

試想下，如果你準備的資料與演講的話題牛頭不對馬嘴，或是缺乏事實依據，那麼這樣的資料不要也罷，因為它根本就是廢紙一堆，絲毫打動不了聽眾的心。

那麼，我們在準備演講選題時應注意哪些方面的問題呢？以下幾點值得借鑑。

說話技巧

▪ 符合大眾需求

演講，最主要的目的就是傳播正能量、激勵社會大眾。既然是以此為目的，那我們自然也要在選題上符合大眾需求。例如，房價、教育、保險、金融等一些與人們生活息息相關的話題，以及全民素養、道德修養、社會動態、文化產業、農業醫療等等。演講的選題最好是圍繞這些方面來展開，力求有新意、有深度、有亮點。

另外，演講者還需要因時、因地結合現實生活中的一些元素，給予嚴謹而正確的分析與解釋，並能夠順應社會的發展趨勢。

▪ 內容有的放矢

有的放矢就是告訴我們，在話題的選擇上要根據民族、職業、年齡、學識、修養、生活環境、興趣愛好、風土人情等方面來綜合考慮，畢竟聽眾不同，需求度也有所不同。

因此，在選題的內容上我們既要吸引聽眾的注意力，又要符合聽眾的心理願望及預期。唯有這樣，才能激發聽眾的熱情與參與度。

▪ 切合身分特徵

作為演講者，在準備演講資料前也要結合自身情況，選取一些切合身分特徵的話題。這樣我們在之後的演講過程中，才能更好地融入到話題中，才能在演講時自然而然地表達出最真實的情感。否則，硬要去選取一些「金玉其外，敗絮其中」，不符合自己學識、修養、氣質的話題，不僅會顯得力不從心，反而還有可能貽笑大方。

因此，我們在話題的選擇上，不妨選擇一些自己熟悉的、擅長的方面，這樣不僅能夠更好地為聽眾答疑解惑，而且還能講出內涵、講出水準，更好地吸引聽眾的注意力。

▪ 場合與時間安排

既然是演講前的準備工作，演講的場合與時間我們也應該考慮在內。比如說，婚宴的喜慶場合，演講的話題卻一片悲傷與荒涼，那麼顯然是不適合的；反之，如果大家都沉浸在悲痛之中，你的演講話題卻充滿愉悅，那麼未免太過於突兀。

有心理學家研究發現，正常人的大腦一小時內最多只能接收或輸出一或二個重要性問題。因此，為了話題的準確與嚴謹，我們在時間的把握上也要拿捏好分寸。否則，臨場再來修改和調整演講內容，就會手忙腳亂而導致出錯，並最終影響整場演講的水準。

▪ 主題鮮明有特色

作為演講者，如果自己都不清楚演講的主題是什麼，那我們又如何向聽眾傳達理念，又拿什麼去吸引聽眾呢？說到這，我們先來看一個小故事。

老李作為公司元老和技術專家，在年終總結大會上被主管推薦上臺演講傳授經驗，並淺談人生理想。可是老李上臺後卻是這樣說的：「……我的人生理想有很多，比如說我喜歡釣魚，也喜歡園藝和書法，但我卻最終都沒有堅持下來，我只在偶爾閒暇時才想起我的這些愛好。」

「另外，我還喜歡爬山，因為我享受那種到達山頂一覽眾山小的感覺。嗯，我的人生理想其實挺多的，但有時候我自己都不明白，我內心到底需要的是什麼。好了，不耽誤大家時間，今天就說到這裡。」

看完這個小故事，你能從中明白老李想要表達的具體意思嗎？顯然不能，因為主題不夠鮮明，更沒有特色。像這樣的演講只能稱之為失敗的演講，很快就會被人們所遺忘。

為了避免犯類似的錯誤，我們在選題時就要確定主題，清楚地表達出自己的觀點。比如爬山，也可以圍繞爬山的裝備、路線、鍛鍊身體、注意事項等展開，並從中選取一個知識累積最豐富、最專業的方面傳遞給聽眾，邏輯清晰地表達出演講的內容。

說完話題的選擇，我們再來說說內容收集的準備工作，內容在整場演講中也發揮一個帶動的作用。一個好的話題，若沒有新鮮實用的內容來作為支柱，襯托出話題的精妙，那麼也將是空有外表而沒有靈魂。

　　古人云「感人心者，莫先乎情」。我們只有準備更多、更實用的第一手資料，才能使演講的內容更豐富精彩。在準備資料的同時，也別忽略了感情因素，只有以情動人、以理服人，我們的演講才會有爆發力，才能更好地感染到聽眾。

　　在資料的準備上，務必要講究真實，不得弄虛作假糊弄聽眾。只有以真服人，才能以真取勝，否則，就無法引起聽眾的興趣，獲得他們的認可與贊同。另外，資料內容要力求推陳出新，引發聽眾思考，不要人云亦云，更不能照搬硬抄。最重要的一點，我們還要學會從不同資料的收集中去進行整理和歸納，並從中挖掘和創新，加以揉合，創造出屬於自己的獨特觀點。

　　總而言之，只有做好了演講前的各項準備工作，我們才能在演講的過程中胸有成竹、自信滿滿地開展演講，才能獲得成功。

演講突發狀況的最佳應對技巧

一場演講，不管我們前期做了多少準備工作，當我們站在演講臺上激動昂揚時，也難免會遇到一些突發狀況，比如裝置故障、演講忘詞、身體不適、尷尬冷場、言語失當、聽眾發難等等。遇到這些問題我們應該怎麼辦？

是坦然面對還是尷尬地站在原地等著主持人來救場？不可否認，大多數人在面對突發狀況時，都會茫然不知所措。為什麼會這樣呢？很簡單，就是因為一些人缺乏足夠的應變能力。

不管是哪種情況，既然在演講的過程中不可避免地發生了，我們就要學會坦然面對。正所謂「既來之，則安之」，只要我們能掌握一些有效的應對措施，那我們就能輕鬆自如地應對處理這些臨場突發狀況。

當突發狀況出現時，聽眾不明就裡，自然會引起騷亂。但作為演講者，我們不能自亂陣腳，否則就會有失身分。那麼，我們應該如何做才能自如地應對處理臨場突發狀況呢？下面列舉了幾點常見的突發狀況和應對措施，以供參考。

💬 說話技巧

▪ 身體不適，適時調節

當演講進行到中間環節，而身體卻突發不適時，我們不妨

稍稍停頓一下，喝口水或者做個深呼吸來緩解一下不適感。另外，演講的語速也可以適當放慢一些，在身體允許的情況下，盡量將演講完成。

但我們也不要硬撐，如果情況嚴重而確實需要提前離場，我們也應與聽眾解釋緣由，打好招呼再離場。

▪ 裝置故障，臨危不亂

在正式的演講舞臺上，一般都會配備音響裝置。如果在演講的過程中遇到麥克風失靈、燈光熄滅等情況，除了請現場工作人員及時處理外，作為演講者也應具有臨危不亂的作風，並時刻保持清醒的頭腦。

▪ 演講忘詞，巧妙斡旋

很多人都會碰到這樣的情況：演講之前做了大量的準備工作，可一到正式演講的環節，卻由於心理緊張而忘記了演講內容，導致無法進行到下一步。此時，我們應該如何救急呢？

我們不妨從忘詞前的最後一句話、一個詞語、表達的中心意思來引出之後的話題。這樣繞來繞去，我們便可以從中回想起忘記的演講內容，並巧妙地將話題再引回到之前忘記的片段上面去。

▪ 聽眾發難，轉移話題

在演講過程中，如果遇到一些胡攪蠻纏的聽眾故意引發一些不同的觀點來製造爭論，或針鋒相對，我們就要適時地轉移話題來化解這些矛盾。

比如，聽眾說：「為什麼我聽了你的演講，感覺要睡著了呢？」這個問題很明顯是故意刁難。此時，我們不妨這樣說：「是呀，要睡著就對了，表示我的演講具有催眠的功效，比那些醫生的藥還管用呢，這樣下次失眠時，你就不用看醫生，直接聽我的演講就好啦！」

這樣，不僅巧妙轉移了話題，又能自圓其說，實在是大快人心。值得注意的是，轉移話題的範圍不要太廣，應與演講內容關連與貼合，不然當你回想起內容時，就有可能造成圓不了場的局面。

▪ 言語失當，立即補救

如果一不小心言語失當而說錯了觀點或造成了聽眾的誤解，怎麼辦？要想迅速緩解這種局面，最有效的辦法就是立即想辦法進行補救。

補救時可以採取兩個辦法：第一，將錯就錯，將錯話當成反面教材來進行批判，批判完成後再適時地將話題引回正確的內容上來；第二，立即糾正，把錯話放置一邊，然後趕緊將正確的內容複述一遍。

▪ 尷尬冷場，製造興奮點

每個演講者都或多或少遇到過冷場的窘況，畢竟千人千面，每個人的喜好與接受能力皆不同。如果一不小心遇到冷場的情況，我們就要認真分析造成冷場的原因是什麼，然後有針

對性地做出一些應對措施來扭轉這種尷尬局面。

　　冷場的原因一般有：演講內容空洞、邏輯表達不清、演講者表達過於呆板或木訥等。這種情況下，我們可以製造一些興奮點來暖場，比如，講個幽默小短篇、冷笑話，設定互動提問環節等活躍氣氛，以此來帶動聽眾的積極性與參與性。

　　俗話說「車到山前必有路」，在演講過程中，不管我們面臨的是哪種突發狀況，只要我們臨危不亂、沉著冷靜，總能想出辦法去一一化解，自如應對處理各種突發狀況。只要我們學會運用以上幾點建議，相信再難的突發狀況都能遊刃有餘，輕鬆面對。

臺風與個性，助你掌控全場，走向成功

美國心理學家麥拉賓（Albert Mehrabian）在 1971 年提出了麥拉賓法則，即一個人對他人的印象，約 55% 取決於對方的肢體動作、臉部表情、目光視線；38% 取決於說話的語速、聲音大小、手勢；另外還有 7% 則取決於說話的內容、措辭等。

由麥拉賓法則我們可以得出這樣一個結論，演講中給人留下深刻印象的主要部分來自於聽眾的視覺感受。說到這，大家是否感到很意外？畢竟我們演講的內容才是重中之重，如果不靠內容僅靠視覺來吸引聽眾，那麼演講是否只是一種形式而已？

可能很多人都存在著這樣一個誤會，但實際上，演講的理想狀態應是先完善自己的臺風和個性，給予聽眾視覺上的享受，然後再宣揚內容，滿足聽眾心理的需求。比如，同樣的一句「謝謝」，如果說的語氣不同、聲音不同、表情不同，那麼聽眾的感受也是完全不同的。如果聽眾首先在視覺上就對你進行了否定，那麼又如何耐心去傾聽你的內容呢？

所謂臺風，指的是演講者在演講的過程中，對聽眾表現出的氣質和風度，個性就是指一個人的精神面貌或心理面貌。如果我們在演講的過程中沒有屬於自己的臺風和個性，那麼聽眾是無法對你加深印象的。一個人只有在舞臺上表現得從容大氣，才能輕鬆掌控全場，才能更好地帶動聽眾的情緒。

那麼，我們應該如何做才能讓演講的臺風與個性成為助你掌控全場、走向成功的最佳助力器呢？下面幾點方法值得借鑑。

🗣 說話技巧

▪ 隨時關注自己的儀容儀表

人與人之間相處的第一印象是非常重要的，而第一印象又來自於對方的儀容儀表。試想下，如果你邋裡邋遢，不修邊幅，聽眾又怎會對你產生好感呢？

雖然我們無法改變自己的身材與容貌，但至少我們可以透過得體的打扮、精緻的妝容來彌補一些缺失。切忌譁眾取寵，應選擇一些彰顯品味又能突顯氣質，大方得體的著裝，這樣不僅能證明你對此次演講的重視，還能顯示你的整潔與幹練。

▪ 改變自身的不良習慣

作為演講者，當你站在臺上激動昂揚時，可能你的一言一行都會被聽眾盡收眼底，甚至在事後被無限放大。一般來說，常見的不良習慣有：演講時手不自覺地去擺弄耳邊的頭髮、將眼鏡往鼻梁上推、在演講臺上輕叩鋼筆與手指、把手指關節弄的啪啪作響、站立時身體傾斜、坐時抖腿等等。

這些看似不起眼的小事，卻反映出一個人的修養與素養，因此，演講者應從源頭上予以杜絕作出改變，以免影響聽眾對你做出錯誤的判斷。

▪ 自然流露，坦然面對

演講，因為場合不同、面對的團體不同，所以可能會有記者採訪或提問的部分。聚光燈下，演講者的一切語言與行為都會透過鏡頭呈現在螢光幕上，此時，不用過於緊張，只需自然而然流露出自己最真實的情感，坦然面對就好，千萬不要矯揉造作。

▪ 演講過程中隨時保持良好的姿態

在演講過程中，不管是保持站還是坐的姿勢，都不要表現得過於隨意，畢竟演講是一個正式的場合。

俗話說「站如松、坐如鐘」，也只有姿態正確，聽眾才易於受到感染，才會從心底重視這場演講。因此，隨時保持良好的姿態來面對聽眾是非常重要的。

▪ 演講態度要表現得真誠與謙卑

在某公司的年終總結大會上，一位看上去彬彬有禮的男士上臺發表演講。他在行動上表現得無禮傲慢，不僅身體傾斜，雙手插在口袋裡，就連說話的語氣也是冷冰冰的，讓臺下的聽眾絲毫感受不到他的誠意。於是，聽眾不買帳，不僅在現場竊竊私語，甚至還有人四處走動。

瞧，這就是目中無人所帶來的不利影響，只會招致聽眾的反感與厭惡。因此，在演講的過程中，一定要注意態度，要表現得真誠與謙卑，這樣聽眾才會被我們所吸引，才會更好地融入演講的氣氛中。

▪ 隨時與聽眾保持視線上的接觸

在溝通與交流的過程中，為了表示對聽眾的尊重，作為演講者，必須隨時與聽眾保持視線上的接觸。畢竟，沒有任何一個人會接受說話一方的眼神始終游離在其他不相關的事物上。

人們常說「眼睛是心靈的窗戶」，眼睛在人體五官中是最傳神的。一個情真意切的眼神，不僅能讓聽眾感受到重視，還能造成帶動和感染的作用。我們在演講時，不妨多與聽眾做一些眼神上的互動，以此來拉近彼此的距離。

▪ 用臉部表情來活躍氣氛

人的喜怒哀樂會透過臉部表情表達出來，並且傳遞給身邊的人。如果演講者心情苦悶，擺著一張苦瓜臉，那麼臺下聽眾的心情自然也會變得很糟糕，受此影響，演講的氣氛也會變得尷尬。

既然如此，我們何不試著多微笑呢？用微笑來化解一切矛盾與尷尬。在聽眾面前，展現一個真誠、寬容、發自內心的微笑，用微笑來溫暖聽眾的心靈，感染和帶動聽眾的情緒，並活躍全場的氣氛，將演講引向新一輪的高潮。

每一場演講，都是一場觀點與學術的傳播；每一場演講，都是自我成長的挑戰與歷練；每一場演講，要想取得圓滿的成功，臺風與個性也是必不可少的重要一環。要想在演講臺上吸引聽眾的目光、彰顯個人特色，我們就要學會運用以上幾點建

議來完善自己的演講臺風與個性，帶動聽眾對我們的好感與印象，這樣才能增加成功的可能性，並讓我們的演講引爆全場，成為矚目的焦點。

如何做才能讓聽眾更好地接受你

不管是哪種場合下的演講，作為演講者，要想帶動聽眾的積極性、獲得聽眾的認可，首先就得讓你的熱情去感染聽眾，吸引聽眾的注意力。唯有如此，才有可能讓聽眾接受你，你的演講才會順利地進行下去並最終取得圓滿的成功。

演講，最終目的是向聽眾表達演講者的觀點，說服聽眾接受或認可演講者。而演講者的態度將直接影響聽眾的態度與判斷，假如我們在演講的過程中態度消極，敷衍了事，聽眾便不會表現出積極熱情的一面；如果我們語言傲慢無禮，那麼聽眾自然也是不屑一顧。

所以，作為演講者，只有從自身做起，在言語上與行動上貼合聽眾，並結合聽眾的需求投入足夠的熱情，我們的演講才能更好地讓聽眾接受。

那麼，怎樣做才能讓聽眾接受你呢？最好的辦法就是吸引聽眾的注意力，只有吸引了聽眾的注意力，才能引發聽眾的共鳴。常見的吸引聽眾注意力的方式有熱情周到的稱呼、情真意切的語言、對聽眾給予尊重、傳遞熱忱的態度等。

說到這，先來看一個案例吧，或許你會從中得到啟發。

有一次，某所大學舉辦演講比賽。參與比賽的六名選手都是來自各所名校，且學識都非常淵博的學生。雖然他們十分注

重演講的技巧，但卻忽略了一個重要的事實，就是怎樣與聽眾產生共鳴，去獲取聽眾的認可。

只有一位相貌平平、毫不起眼的學生成功做到了這一點。他所演講的題目是「土地對人類的重要性」。雖然在演講的過程中缺乏有效的演講技巧，但他站在臺上所講的每句話都充滿了感情。他講的每句話都與人們的生活息息相關，一字一句完全出自內心，就彷彿此刻的他已然成了道道地地的農民，在為自己辛勤耕作的土地代言。正是由於他的熱忱與投入，他不僅向聽眾傳達了土地對人類的重要性，品格與善良，更喚起了人們保護大自然、保護地球的意識。

最終，這位來自農村的學生憑藉著情真意切的語言與熱忱的態度贏取了獎牌。雖然他的演講技巧與其他幾名學生相比略微遜色一些，但聽眾卻依然被他真誠的話語所打動，因此獲得了聽眾的認可，並被聽眾所接受。

如果想讓聽眾接受你，那麼作為演講者，首先要做的就是給聽眾留下一個良好的印象，這樣才能增加好感，吸引聽眾的注意力。具體來說，我們應該如何做呢？

💬 說話技巧

▪ 演講內容與聽眾感情一致

正所謂千人千面，每個人的喜怒哀樂皆會隨時發生變化。所以，這就要求我們在作演講時，也要採用不同的演講風格

與感情色彩去迎合不同的聽眾，力爭演講內容與聽眾感情達到一致。

要想別出心裁、靈活多變，讓聽眾有耳目一新的感覺，千萬不要千篇一律地套用模板，否則只會讓聽眾覺得你的演講內容索然無味、了無生趣。

▪ 演講內容與場景力求一致

一場演講要想取得成功，要想被聽眾所接受，那麼作為演講者，首先就應該對演講的場景與聽眾做一個細緻入微的了解。

比如，你的演講場地是室內還是戶外？你的聽眾是學生還是技術工人，是知識分子還是農村居民？這些都是在演講前需要了解的內容，也只有事先對聽眾與場地做一個全面的了解，我們在演講時才能靈活駕馭各種不同的場地，坦然面對不同層次的聽眾。

▪ 在演講過程中與聽眾進行互動

演講，不僅要演還要會講，只有演與講充分結合起來，才能帶動聽眾的參與性。任何一場演講，如果僅僅是演講者在臺上長篇大論、照本宣科，那麼，想要吸引聽眾的注意力、獲得聽眾的接受與認可，也是相當有難度的。

此時，我們何不與聽眾進行良好的互動呢？用互動環節來帶動聽眾的積極性，讓聽眾在參與的過程中慢慢地被吸引進來，最終認可與接受演講者。

▪ 把聽眾的注意力轉化成興趣

要想在演講的過程中被聽眾認可與接受，僅僅依靠吸引聽眾的注意力顯然是不夠的，這樣並不能維持多長時間。所以，我們就要試著把聽眾的注意力轉移到他的興趣愛好上。

比如，當我們了解聽眾在某些方面的需求或觀念時，就可以以此來展開一些活動，尋求一些方法來激發聽眾的熱情，這樣就能把聽眾的注意力逐漸轉化成興趣，獲得聽眾的好感與認可。

▪ 演講內容與聽眾利益一致

如果演講的內容和聽眾毫無關連，即使你使出渾身解數，說破你的三寸不爛之舌，相信也很難打動聽眾，獲得聽眾的認可。這就好比你對飢寒交迫的人講勞動創造價值，他們餓得飢腸轆轆，哪裡有心情去聆聽你的大道理。

因此，要想被聽眾所接受，我們首先要俘獲聽眾的心，讓自己的演講內容與聽眾的利益相關連。不然，你的馬屁拍得再響，姿態再怎麼謙虛，恐怕想要被聽眾所接受也是難於上青天的一件事。

▪ 讓人回味無窮的演講內容

只有演講情節讓聽眾回味無窮、意猶未盡，演講才能被聽眾所接受。因此，我們在準備演講資料與內容時，一定要做到情節結構緊湊、充滿懸念，內容風趣幽默、引人入勝，這樣，聽眾才會覺得內容有新意、不枯燥、不乏味，我們的演講才算是成功的。

第六章
邏輯思辨，舌尖抗衡，
從辯論中獲得認同與深思

辯論是人們在生活中針對不同觀點與看法展開的一種討論方式，
它不僅需要辯論者舌戰群儒，更需要邏輯清晰、思維嚴謹。
在辯論中，當你遇到身經百戰、久經沙場的對手時，
如何才能化險為夷、機智應對？
當你面對飛揚跋扈、盛氣凌人的對手時，
又該如何讓對手放鬆警惕、掉以輕心？
要想在辯論的過程中輕鬆化解這些問題，
就需要你使用錦囊妙計去出奇制勝，完勝對方，
打一場漂亮的辯論戰。

邏輯謀略，助你巧妙周旋完勝對手

辯論，不僅是一個團體雙方互動的過程，更離不開形象生動的語言表達能力。如果我們在辯論時沒有邏輯，缺乏謀略，就會導致說話沒條理、辯論沒方向；如果我們不能清楚地表達出我們的觀點、主張、建議，那麼在辯論的過程中，我們又憑什麼要求對方認可我們、支持我們？我們又該如何取勝於對方呢？

要想在辯論的過程中戰勝對方，要想讓對方認可我們的觀點與建議，就必須制定一套切實可行的辯論邏輯謀略。什麼是邏輯呢？邏輯可以說是一種說話的順序與條理性，也可以說是一種思維定律。但不管是說話的順序與條理或是邏輯思維，都離不開語言的表達，可以說語言與邏輯相輔相成，互相促進，共同發展。

政治家史達林（Joseph Stalin）曾在評價列寧（Vladimir Lenin）的演講時說了這樣一番話：「我最佩服的就是列寧在語言表達上的邏輯力量，雖然內容聽起來有些枯燥與乏味，卻像一道雨後的彩虹，照耀著現場聽眾的心靈，讓人感覺溫暖。」

說完邏輯我們再來解釋下謀略，謀略簡單地說就是對眼前和之後的事物產生思考而制定的應對方案與解決方法。不管是邏輯還是謀略，在辯論中都發揮著決定性的作用。我們只有

在辯論的過程中對辯論對手所講的話進行認真而細緻的邏輯分析，從中找到對方的弱點和痛處，才能相應地制定出最完整、最嚴謹的謀略來進行強而有力的反擊，並一擊即中。

很多人覺得說話是一件很簡單的事，其實不然。一句話如何說得有邏輯，說得恰到好處並發揮它的最佳功效，卻並不簡單。因為說話不像文字，在打出去之前還可以仔細推敲、再三斟酌，畢竟說出去的話就如同潑出去的水，是收不回來的。因而說話時的條理、層次、順序就顯得非常重要，而這一切都離不開邏輯的力量。

也就是說，如果我們在辯論的過程中條理不清晰、層次不分明、順序顛三倒四，分不清主與次、前與後，那麼不僅對方聽起來會感覺霧裡看花、一片混亂，而且對於我們想要表達的意思與觀點也聽不明白，這也就導致我們的辯論沒有任何意義與成效。

所以，在辯論時，關於如何找到論點、論據、論證，我們應策劃和制定出一套切實可行的謀略方案來應對對手的辯論，並且還要認真加以思考與權衡，並不斷優化。

一般來說，制定謀略時我們需要考慮兩個方面的因素：一種是相對來說比較穩定的戰術策略，這種策略穩定性強，而且比較全面；另一種是靈活多變的戰術方案，可以視具體情況而作出相應的調整，可以隨時作出變化。

那麼，怎樣的邏輯謀略才有助於我們巧妙周旋完勝對手呢？以下幾點建議值得參考。

🗨 說話技巧

▪ 確定辯論的主戰場

什麼是辯論的主戰場？主戰場就是雙方在辯論時涉及最多、最廣的內容。主戰場不同，自然制定的攻守謀略也會有所不同。

因此，在制定辯論的邏輯謀略時，我們應該對此進行一些預估和判斷。不然，就有可能因為辯論的主戰場不明確而制定不出完善的謀略，甚至還會因此而錯失攻擊到對方弱點的合適機會。

▪ 確定策略戰術的目標

除了確定主戰場外，策略戰術的目標也要明確。不管是哪種情況下的辯論，其最終結果都是以否定對方觀點、樹立自己觀點，並以對方認可或接受自己的觀點為目標。但因為辯論的內容不同、性質不同，所以最終的目標也會有所不同。

為了更好地實現目標，我們不僅要從實際情況出發，還要根據辯論的內容與性質來綜合考慮，然後再確定策略戰術的目標。值得注意的是，確定了目標後，在辯論時就要時刻注意，不能忘乎所以而偏離策略目標，應堅定不移地朝著目標前進。

▪ 制定己方的戰術方案

明確了戰場與目標，我們還需要根據邏輯順序、條理來制定相關的己方戰術方案。一般來說，常見的方案分為三種：先發制人、出其不意、穩紮穩打。所以，我們應從不同的層面來進行逐一論證，然後精密部署，闡述我們的觀點與意見。

總而言之，在辯論的過程中，我們只有明確目標並制定出相關的邏輯謀略，才能從容不迫地應對辯論場上的各種突發變化，才能有理有據地攻擊對方的要害，從而獲得最終的勝利。

辯論進攻的最佳方式

辯論，不管在哪種情況下，闡述問題的主要方式就是「爭」。這裡的爭是指什麼呢？不是指爭辯，而是爭辯論的主動權，也就是說在雙方辯論的過程中要先發制人，獲取主動權並率先發起進攻，這樣才能增加獲勝的可能性。

雖然進攻可以讓我們取得一些優勢，但進攻也並不是盲目的，也需要掌握一定的技巧，唯有這樣，進攻才能取得顯著的效果，才能為我們在辯論中搶占先機。那如何才能搶占先機呢？當然離不開有效的進攻。

一般來說，在辯論中常見的進攻方式有正面進攻、迂迴進攻和包圍進攻等三種。

所謂正面進攻，是指辯論的過程中單刀直入，面對面地與對方展開激烈的討論，尤其是對對方一些錯誤的觀點或有違常理的地方直接論證，使對方的主張不能成立。

迂迴進攻，是指先從辯論過程中對方的言行舉止方面開始發起進攻，然後再從對方辯論的話語中找準要害進行反擊。這種避開正面交鋒或近距離接觸，採取曲線進攻的方式，最大的特點就是敵人在明，我們在暗。因此，我們在進攻時可以攻其不備，出其不意，打對方一個措手不及。

包圍進攻，可以在辯論過程中，對方論點很複雜的情況下

使用，對對方的論點核心部分及一些論據逐一包圍進行批駁，直至推翻對方的觀點與意見。在辯論中，進攻可以說是非常重要的一步，只有攻之有方，一舉抓住對方的弱點與痛處，我們才能在辯論的過程中給予對方狠狠的致命一擊，才能讓對方甘拜下風。

除了要掌握進攻的方法與步驟外，我們還需要具備臨危不亂的心理素養與善於舉證的能力。只要我們臨危不亂，善於發現和觀察，辯論現場的一些事物都可以作為我們反擊對方論點的強而有力武器。畢竟，答辯手都是根據自己在現場的所見所聞來引經據典的，這種論據往往一點就通。因此，在辯論中作為進攻的武器，現場取證也會讓對方更加信服。

美國總統甘迺迪（John Kennedy）曾說：「不要在害怕時爭辯，也不要因為害怕而不爭辯。」在辯論中主動進攻，與其說是為了獲得優勢取得成功，不如說是雙方膽識上的一種較量，更是對自身心理素養的一種考驗。

在辯論過程中，我們難免會遇到一些盛氣凌人或不可一世的對手，這些對手在辯論的過程中的語言攻勢也會更加凌厲與囂張，就如同一壺往外冒氣的沸水，隨時都有可能溢出來。這種情況下，為了抑制對方在言語上的攻勢，為了打擊對方的囂張氣焰，最好的辦法就是釜底抽薪，從源頭上解決問題。

在辯論中作為主動進攻的一方，除了上面所說的幾點外，

還有一個不容忽視的技巧，就是在對方表達了自己的觀點後，我們應迅速從對方的言論中抓住要害，捕捉對方的不利資訊，從而「以彼之道還施彼身」，用對方的弱點去反擊對方發起的猛烈進攻。

那麼，在辯論的過程中，我們應該如何主動進攻才能增加成功的可能性呢？比較常見的有以下幾種方法。

說話技巧

▪ 善於抓住對方論證中的錯誤

在辯論過程中，不管是哪一方想要取得勝利，都要想方設法去反駁對方的觀點與意見，並舉例論證，向對方證明自己的觀點是正確的、可行的。要想為主動進攻搶占先機，我們在論證對方的觀點時，就要善於發現對方論據中的錯誤與破綻，並及時地披露出來。

▪ 抓住對方言語上的錯誤

在每一場辯論前，參與辯論的雙方都會事先做好大量而充足的準備工作。但再萬全的準備，也難以避免會遇到一些突發狀況而出現言語上的失誤。這種情況下，論辯的另一方就一定要抓住這個天賜良機，採取主動攻擊。值得注意的是，不能因為抓住了對方的小辮子就得意忘形，更不能步對方後塵犯同樣的錯誤，這是萬萬不可取的。

▪ 捕捉對方邏輯上的錯誤

辯論除了要求說話條理清晰、有理有據外，更離不開邏輯上的推理。在辯論的過程中，不管是哪一方，如果犯了邏輯上的錯誤，那都是非常嚴重而致命的硬傷。常見的邏輯錯誤一般表現在四個方面：概念不準確、判斷不完整、推理以偏概全、描述模稜兩可。一旦抓住對方的錯誤咬住不放，那麼之後我們在主動進攻時也就會變得更容易和順暢一些。

進攻作為辯論中最重要的一環，它的成功與否將直接影響著整場辯論的結果。可以直言不諱地說，沒有進攻，就不會獲得最終的勝利。很多人可能會覺得有點誇張了，但事實確實如此。辯論中，如果你不主動進攻，不把握機會，不採取有效的方式去反駁對方的弱點與錯誤，那麼你不僅會失去一個有利的先機，甚至還有可能一敗塗地。

俗話說「先下手為強，後下手遭殃」，在辯論的過程中想要戰勝對手，想要贏得漂亮，就要主動進攻，先發制人。尤其是趁對方麻痺大意、疏於防範之時，主動出擊打對方一個措手不及，方可占得先機，掌握辯論的主動權。

辯論防守的最佳技巧

前面，我們講到了在辯論的過程中如何採取有效的進攻來幫助自己獲得成功，那麼這節將著重來講如何做好辯論防守的問題。

在每一場辯論中，進攻和防守都是相輔相成、缺一不可的，也就是說，有進攻就必然會有防守。畢竟，辯論場上沒有任何一個辯論對手會對你的進攻不做任何反抗行動而欣然接受。所以，防守是必然的。

何謂防守呢？所謂防守，就是當自己的觀點遭到他人持不同意見的反駁時，我們維護自己言論並堅持自己觀點的一種辯論形式。

一般情況下，辯論中最主要的防守分為以下兩種：

（1）**主動性防守**：主動防守一般是有計畫、有針對性的，它不僅是為發起下一輪進攻做的準備，更是為強化自己觀點而做的一種有效的防守計畫。

（2）**倉促性防守**：倉促性防守和主動性防守最大的區別就在於臨時起意，它是指自己在辯論的過程中由於策略錯誤而臨時採取的一種防守計畫。但這種防守是在一種迫不得已的狀態下做出的選擇，所以在辯論的過程中會讓自己處於劣勢。

因此，在倉促性防守狀態下，我們應該迅速調整防守的策

略與方案，以不變應萬變。具體來說，應該注意以下幾點：

第一，揚長避短。處在防守狀態時，雖然短時間內無法進攻，但也應該揚長避短，發揮出自己的最大優勢，牢牢守住自己的防線。

第二，積極防守。不管辯論進行到哪一步，作為防守的一方都應該表現出積極的應對。尤其是在倉促防守的情況下，自身更要保持一種樂觀的態度，要把防守當作辯論中最重要的一個環節來對待，並不斷變換防守的策略，從氣勢上壓倒對方。

第三，靈活多變。防守並不是單純地死守陣地而不採取任何行動，更不是態度消極地懈怠；而是靈活多變，學會審時度勢，利用一切可利用的條件來與對方周旋。在防守中嚴陣以待，把握機會，尋求進攻的最佳時機，力爭打一個漂亮的翻身仗。

通常在辯論中，雙方為了獲得最後的勝利，都會不自覺地對對方保持一種高度戒備的狀態。而想要消除對方的這種戒備心理，我們就要給對方擺迷魂陣，讓對方放鬆警惕，疏於防範，然後再引蛇出洞，出其不意地將對方擊垮。

說到這裡，我們先來看一個引蛇出洞的案例。

傳說，鬼谷子在向他的兩個徒弟龐涓和孫臏傳授兵法謀略時，發生了這樣一件有趣的事。一天，為了查驗兩位徒弟的學習進展情況，鬼谷子便給徒弟二人出了一道題，說：「我坐在山

洞中央，看你們誰能想出辦法把我給騙出去。」

　　話一說完，龐涓便採取了矇騙的方式要把鬼谷子騙出去。可不管如何，鬼谷子都不為所動。一計不成，龐涓又生二計，威脅說要放火燒洞、引水淹洞，但鬼谷子知道龐涓的目的，所以依舊嚴防死守，絲毫不動搖。

　　輪到孫臏時，他卻一開口就直接在老師面前承認了自己的蠢笨，說想不出任何辦法能把老師騙出去。聽到徒弟這樣說，鬼谷子很是驚奇。於是孫臏趁機說：「雖然我沒有辦法將老師騙出去，但如果老師是在洞外的話，我就有辦法將老師騙進洞裡。」鬼谷子當然不信，認為徒弟是在狡辯，於是信心滿滿地朝洞外走去。誰知，他前腳剛走出洞外，孫臏便在那裡哈哈大笑起來：「老師，您上當了……」

　　其實，孫臏一點都不笨，他只是故意言明自己笨，給老師擺起了迷魂陣，從而讓鬼谷子放鬆警惕上了當。不得不說，這招引蛇出洞所發揮的效果真是絕佳。

　　由此可見，防守也是相當重要的一環，如果麻痺大意、疏於防範，那麼就極有可能導致前功盡棄而功虧一簣。

　　大部人心理可能存在著這樣一種認知，認為辯論就是把對方反駁得無話可說，贏得最終的勝利就好。其實，辯論也是需要一定技巧的，並不是你一言我一語簡簡單單地說話，陳述自己的觀點就好，而是有理有據，擺事實講道理，前可攻後可

守，並用自己的觀點來說服別人的一種方式。

因此，想要讓對方同意和認可自己的觀點，我們在辯論的過程中就需要採取一些誘敵的方式來做到有效的防守。那麼，防守的過程中我們又該如何誘敵呢？以下兩點建議值得參考。

🗨 說話技巧

▪ 深入誘敵

辯論的過程中，當對方有理有據地侃侃而談時，我們靜靜地防守就好，不要過多透露出自己的觀點，應故意給對方營造一種無力招架的假象，讓對方放鬆警惕。一旦敵人被假象迷惑而對我們步步緊逼之時，我們便看準機會丟擲殺手鐧，給予對方重重的一擊。

▪ 故意設圈套

防守並不是要在敵人進攻時才臨時想起一些策略來應對，而是應該有備無患，隨時準備一些圈套、設下一些陷阱來應對突發情況。

關於防守，以上列舉的幾點注意事項你記住了嗎？只有學會有效防守，我們在辯論中才能進可攻、退可守，才能處變不驚，遊刃有餘地應對各種突發狀況，才能提高成功的機率。

以子之矛，攻子之盾

眾所周知，辯論不僅是一個雙方互動的過程，更是唇槍舌劍沒有硝煙的戰場。在辯論的過程中，雙方據理力爭，搬事實講道理且互不相讓，都希望在言語上能把對方駁得啞口無言，讓對手對自己的觀點與建議臣服。

但辯論並不是隨口說幾句話就能壓倒對方，也是需要一定技巧的，我們只有找到對手的邏輯和漏洞，方能「知彼知己，百戰不殆」。就好比某些時候，我們明明對對方的觀點持反對意見，卻不知該從何處去進行反駁，就算反駁，也不能一語中的，戳到對方的痛處，甚至一不小心還會讓對方反咬一口。這種情況下，我們就不能坐以待斃，應努力去挖掘和發現辯論對手的漏洞，以子之矛，攻子之盾，即用對方的不足去反擊、去擊垮他們。所謂對方的漏洞，就是對方在辯論的過程中表達出的關於論點、論據、論證方式的一些錯誤，而我們則利用這些錯誤來反駁對方，讓對方啞巴吃黃連 —— 有苦說不出，並以此讓對方心悅誠服。

與辯論對手交鋒，除了要具備沉著冷靜、思維敏銳等素養外，更要善於觀察對方在辯論中表現出來的弱點與漏洞。不管辯論對手的論證是否周全、舉例是否真實、表述是否清晰有條理，我們都要做到早發現、早分析，並在關鍵時刻予以反駁。不僅如此，我們還要反其道而行之，哪壺不開就提哪壺，讓對方始料不及、無力招架。

辯論賽場風雲變幻，隨時都可能發生一些令人難以預料的事，更有可能會存在一些不易察覺的漏洞。如果我們能把對方的這些漏洞為己所用，用它們去反擊敵人，那麼敵人就會在這種自相矛盾的情況下自亂陣腳，而我們便可以輕鬆獲勝。

　　正所謂「金無足赤，人無完人」，人難免都會有弱點。如果我們從對方的弱點中去識破對方的漏洞，拆穿對方的論證，那麼對方的防線就會不攻自破。既然如此，我們如何做才能挖掘和發現辯論對手的邏輯漏洞，以子之矛，攻子之盾呢？此處羅列了兩種方法，供大家參考。

🗨 說話技巧

▪ 發現對方邏輯上的不妥之處

　　要想有力地反駁對方，就必須從辯論對手的言詞中發現邏輯上的不妥之處，然後利用對方邏輯上的錯誤去反駁對方。

　　比如，甲方說：「1+1 什麼情況下不等於 2 ？」如果我們僅憑一般性的常識去回答說：「是奇數還是偶數？」、「1 隻公貓 +1 隻懷孕的母貓，這種情況下就不等於 2 ？」如果這樣回答，那自然是錯誤的。反之，如果你從對方的邏輯中去尋找答案，說：「如果 2+2 不等於 4 的話，那麼 1+1 自然也是不等於 2 的。」

　　這樣的回答是不是很巧妙，讓對方無力反駁呢？因為對方提出的問題本就不符合常理，如果你用常理去回答，那麼肯定

是無法解答的。相反，只要我們靈活運用就可以利用對方邏輯上的不妥之處去反擊對方，讓對方無話可說。

▪ 挖掘出對方論證上的漏洞

俗話說「不到黃河心不死」，有些人在辯論中往往自說自話，不了解清楚事實就滿口胡謅。這種情況下，我們就可以挖掘出對方論證上的一些漏洞，給予對方重創，讓對方百口莫辯，不得不對我們信服。

比如，在對「一個國家不斷向外擴張領土，是否由於這個國家人口過多引起」這個話題進行辯論時，其他辯論選手直言不諱地認為事實就是人口多引起的。但某位選手卻從對方這一謬論中找到漏洞並進行了鏗鏘有力的反駁：「美國的國土面積稍稍小於中國，且人口遠不及中國，但是軍事基地卻遍布全球各地，不僅如此，還駐紮了軍隊。雖然中國是一個人口大國，國土面積也大於美國，但事實是，中國並沒有向外擴張領土，也沒有在國外建立自己的軍事基地。」

很顯然，該名選手就是抓住了對方論證上的漏洞，並以事實為依據來狠狠地打擊了對方。

總之，在辯論的環節中，在雙方你來我往、唇槍舌劍之時，難免會因為辯論的策略或論證的思想而暴露出一些漏洞或不足，此時，若我們能有效捕捉到這些有用的資訊並加以利用，無疑將會對辯論的成功造成關鍵性作用。

靈活機智巧妙反駁

本節開始之前，先來看一個案例：

提起人際關係學家卡內基（Dale Carnegie），這個名字，相信大家都不會感到陌生吧。卡內基每季都會租用紐約一家大禮堂二十個晚上左右的時間，用於傳授人際關係社會培訓課程。

他和禮堂經理合作了好幾年，彼此一直相安無事，但有一天，他突然接到通知：禮堂租金要由原來的 1,500 美元提高到 4,500 美元。這突如其來的訊息令卡內基十分不悅，因為他已經將授課的門票發放出去了，且相關的開課事宜都已經準備妥當，如果現在臨時去找合適的場所，不僅不容易找到，而且也無法通知到所有持票的聽眾。

思慮再三，卡內基決定去找經理談談。首先，他對經理提高租金的做法不僅沒有反駁，反而還給予了充分的認同。接著，他又幫經理分析了租金上漲後所面臨的利弊，他說：「您把租金上漲後租給那些舉辦舞會的人，雖然收穫的租金是挺高，但他們舉辦活動的時間卻並不穩定；相比之下，您租給我，實在是太不划算了，但實際上，您卻把我這個穩定的客戶給趕跑了，因為您漲了租金，我承受不起，就得另外去找地方。可是，您只想到了眼前的利益，卻沒有想到我這個培訓班的學員實際上大多都是上層社會有文化、有教養、有學識的人士，而

且隨著我的名氣越來越大，也會不斷吸引四面八方的人，對您來說，這不是免費幫您打廣告嗎？」

說完，卡內基就告辭了。沒過多久，經理便主動打來電話告知卡內基，說已經放棄了漲租金的要求。

從這個案例中我們可以看出，卡內基之所以能在辯論的過程中成功說服經理同意自己的觀點與建議，就在於他靈活、機智而巧妙的反駁方式為自己贏得了勝利。

試問，如果他在一開始找經理辯論時，就氣勢洶洶、大吵大鬧，只顧自己的利益而不斷地給經理施壓，那麼，經理還會同意他的觀點與建議嗎？當然不會了，即便經理內心認可他的觀點，那麼強烈的自尊心與面子觀念也會使得經理不願輕易承認自己決策上的失誤。

所以，在辯論的過程中，即使我們想要反駁對方的不同觀點，想要對方認可我們的意見與建議，也要從對方的立場去考慮問題，知道對方的所思所想，從而更好地尋找到合適的理由去反駁對方，並進一步說服對方認可同意我們的觀點。

很多人在辯論時，往往只從有利於自身的角度去看待和思考問題，殊不知，如果我們不能發現對方的需求點，又如何運用一些巧妙的方法去有理有據地反駁對方呢？也只有抓住了對方的弱點、痛點，我們的反駁才會取得良好的效果。具體來說，可從以下幾個方面入手。

💬 說話技巧

▪ 以理服人

「有理走遍天下，無理寸步難行」。以理服人是一種比較常見的反駁方式，就如案例中的卡內基說服經理一樣。此種方法就是用最簡單的搬事實講道理來分析事情的利與弊，用利大於弊的方式來反駁對方的觀點，讓對方對你的觀點加以信服。

▪ 以牙還牙

辯論過程中，哪怕對方口若懸河、滔滔不絕，我們也不要被對方的強烈攻勢所震懾住，更不要自亂陣腳慌慌張張。最好的辦法就是在精彩辯論的同時，立即從對方的言詞中找出一個對自己有利的事實以牙還牙來反駁對方。

▪ 將計就計

將計就計也就是利用對方辯論中的立論、論據或論證來證明我們的論點，直白地說也就是藉助對方邏輯的力量來順水推舟，出其不意地反駁對方。

▪ 巧作類比

某些時候，單純地用一些話來反駁對方，不僅讓反駁的語言顯得蒼白無力，而且內容也會顯得枯燥乏味、毫無新意。此時，我們不妨運用一些形象而生動的例子來做對比，這樣不但能緩解緊張的氣氛，而且反駁起來又通俗易懂，易於被人理解和接受。

▪ 先發制人

一般情況下，我們在辯論中都習慣於在對方發起進攻後，再針對對方的觀點去進行反駁，這似乎是一成不變的。但某些時候，我們不妨改變這種策略，將後發制人改為先發制人。也就是在對方準備發言之前，我們就把對方的論點扼殺在搖籃裡，這樣便可以造成打亂對方思緒、擾亂對方策略的作用。

不管是處在何種情況下的辯論，我們想要反駁對方的不同觀點時，不僅僅是反駁對方錯誤的觀點，還可以從對方論點、論據、論證上去一一反駁。人們不是常說「擒賊先擒王」嗎？如果把對方的論點作為「王」，那麼，我們從一開始就從論點上去列舉事實、巧妙分析來反駁對方，豈不是能更好地打擊到對方？

當然，從論據和論證上來反駁對方也是一個不錯的反駁方法。只有抓住了對方的要害，才能將反駁的功效發揮得更出色、更徹底，我們在辯論的過程中才會更順暢，才有可能走向勝利的彼岸。

道理越辯越明，關係越辯越遠

　　如果你仔細觀察，就會發現辯論幾乎無處不在：一個熱門話題、一個特殊日期、一件細微小事，似乎都能引發大家的爭辯與討論。每個人由於成長環境不同、閱歷不同、見識不同，自然對事物的認知與理解也會不同，因此，難免會造成一些言語上的爭辯。

　　俗話說「真理越辯越明」，每個人都想從辯論的輸贏中向外界證明自己的觀點是正確的，想要以此來獲得別人對自己的認可。爭辯本是無可厚非的一件事，但與輸贏攪拌在一起，也就與敵意攀附了關係，因此也就有了唇槍舌劍的精彩 PK。

　　人際關係學家卡內基曾說：「你絕對贏不了任何辯論。你之所以贏不了，是因為你若輸了，你固然是輸了，而你若贏了，你還是輸了。為什麼？假設你勝了對方，把他的觀點駁得千瘡百孔，並證明他神志不清，然後怎樣呢？你覺得好過癮，可是他又怎麼樣呢？你已叫他覺得不如你了，你還傷了他的自尊，他會痛恨你的勝利。」

　　誠然，在一些辯論會上或談判的過程中，你會因此而越挫越勇，打垮辯論對手，甚至取得最終的勝利，但若是在生活或工作中呢？你的咄咄逼人只會讓周圍的人覺得你工於心計、不好相處，而且你逞一時口舌之快賺足了面子，卻沒能給對方留

足臺階，久而久之，還會讓身邊的人越來越厭惡你，疏遠你。

雖然說，有人的地方就會有不同的聲音存在，但如果是一些大是大非的事情，爭個是非對錯是比較正常的；反之，如果是一些芝麻綠豆大的小事，還非要爭個面紅耳赤的話，只會導致這樣一種現象：道理越辯越明，關係越辯越遠。

小李是一名汽車業務員，業務熟練的他對於公司銷售的各種汽車類型都瞭如指掌，向客戶介紹產品時更是侃侃而談。可具備這麼多優勢的小李卻有一個非常不好的習慣，就是喜歡與客戶辯論是非對錯。尤其是客戶對某個品牌的汽車效能挑剔時，他就忘了自己銷售員的職責，轉而與客戶唇槍舌劍起來，結果能言善辯的他每次都把客戶反駁得啞口無言，並且樂此不疲地說：「瞧，這些客戶每次都說不過我！」

上司對小李的表現很不滿意，批評他說：「客戶高高興興來找你買東西，結果你把人家逼得無話可說，憋了一肚子火無處發洩，他還會找你下單嗎？當然不會，這樣下去不僅得罪了客戶，影響你的業績，而且還會對公司形象造成一定的影響，這樣對你又有什麼好處呢？」

受到經理的批評，再加上業績的不理想，小李也開始了自我反省，並決定以後再也不逞一時的口舌之快了。

沒過多久，小李有一次在向客戶推薦一款適合自駕遊的 A 款車型時，挑剔的客戶非常無理地說：「什麼，這款車你也給我

推薦？告訴你，我只喜歡 B 款車型，你推薦的款我不需要、不喜歡。」

這次，小李吸取了之前的教訓，並沒有與客戶直接辯論，而是微笑著對客戶說：「您的眼光真好，B 款車型從各方面的效能來說確實比我推薦的這款要好一些，不過，我推薦的那款也有它獨特的優點呢，改天您有時間的話，我再詳細給您介紹下，您看如何呢？」

結果，客戶被熱情而有耐心的小李所打動，還沒等到改天，就主動要求小李做起了介紹。最終，客戶經過一番對比後，覺得小李推薦的 A 款車型更適合自駕遊出行，於是非常爽快地買下了那款車。

為什麼小李的轉變如此之大？原因就在於，他深刻認識到了辯論的真諦，那就是：不宜做無謂的爭辯！

可是，在我們生活的周圍卻不乏一些專門喜歡與人作對、逞強的人，不管別人發表什麼樣的觀點，他們無一例外地都要反駁，而且自以為是的他們也聽不進別人的任何意見。但這種無謂的爭辯有用嗎？答案是否定的，並不能帶來任何好處，反而還會給我們帶來衝突與麻煩。

所以，與人爭辯時我們也要適當地掂量掂量，要視具體情況做出合適的辯論。否則，道理你是辯明白了，卻在無形中給人造成了傷害，未免有些得不償失。那麼，我們應該如何做才能在爭辯的同時又不傷害到身邊的人呢？

💬 說話技巧

▪ 與人爭辯時明確自己的需求

雖然爭強好勝能幫助我們獲得一時的勝利，但這顆勝利的果實卻是以失去身邊人的信任與好感為代價的，未免得不償失。

因此，在辯論前我們需要認真思考一下：這件事到底值不值得爭辯？辯論的意義是什麼？如果辯論沒有任何意義，那麼這種無謂的辯論不爭也罷。

▪ 辯論落實到行動上會更給力

有些人在爭辯時伶牙俐齒，妄想用言語來說服對方，殊不知，辯論落實到行動上會更加給力，也會更加有說服力，更能獲得對方的認同。

▪ 無謂的辯論能免則免

如果因為些許小事就與人爭得面紅耳赤，那麼除了有傷大雅外，還會白白浪費許多時間與精力。不是說「退一步海闊天空」嗎？與其這樣，還不如後退一步、寬容一些，放棄這些無謂的辯論。這樣不僅事情可以圓滿解決，而且還能避免與人爭執，兩全其美，豈不更好！

如果我們把時間與精力都浪費在無謂的辯論上，那麼只會讓自己陷入一種尷尬的兩難境地。反之，如果我們能給予對方尊重，那麼對方也會「投我以桃，報之以李」，而一些無謂的辯論自然也能得到化解。

辯論語言的表達方式和技巧，你掌握了嗎？

辯論也可稱為論辯，是指人們在同一話題下，各自闡述自己的觀點，舉例論證、反駁對方觀點的一種語言攻擊武器。在辯論的過程中，雙方唇槍舌劍、針鋒相對，只為駁倒對方而贏得最終的勝利。

辯論最顯著的特點就是透過語言來闡述觀點、說服對方，它不像平時說話那樣簡單與隨便，也不是粗鄙的耍嘴皮子功夫，更不是出言不遜從言語上去辱罵對方，而是結合思維、邏輯、環境、數據資料等一些方面的特點，用健康的、積極的、正面的語言來征服對方，讓對方認同我們的觀點。

假如我們在辯論中沒有掌握具體的語言表達方式，即使再華麗的辭藻也不一定能打動對方，吸引到對方的注意。那麼，我們要如何做才能掌握辯論的方法，又有哪些方面是需要我們注意的呢？相信下面的幾點建議能夠幫助到你：

（1）**辯論時注意邏輯性**：我們在辯論時，只有邏輯嚴謹、條理清晰、層次分明，這樣的語言表達出來才能讓我們的觀點堅不可摧，讓對手察覺不到破綻。

（2）**辯論時語言盡量生動和有趣**：在辯論賽場上，雙方劍拔弩張，情緒高度緊張，此時，若辯論的語言再枯燥乏味、過於生硬，那麼只會讓整個辯論賽沒有絲毫情趣可言。如果不能從

辯論中感受到樂趣與美好，那這樣的辯論猶如過眼雲煙，轉眼就被人遺忘。

　　既然如此，我們何不在辯論的過程中，讓語言的表達更豐富多彩一些呢？如果我們能使用一些風趣幽默、形象生動的語言來進行辯論，那辯論賽場上豈不是一路歡聲笑語、活力四射？而且，也只有這樣的辯論賽才會讓人念念不忘、回味無窮，才會讓我們從中收益良多。

　　（3）**注意進攻和防守的均衡性**：在任何一場辯論賽中，進攻與防守都是緊密相連在一起的，有進攻就必然會有防守。但不管是進攻還是防守，我們在運用時都要注意一點，不能為了進攻而放棄防守，也不能為了防守而放棄進攻。這樣拆東補西，最終結果只會是離成功越來越遠。

　　因此，在辯論的環節中，我們一定要注意進攻與防守的均衡性。也只有守住了防線，我們才能有足夠的精力去發起攻勢，去反擊對方；同樣，也只有進攻對方，我們才有可能打敗對方，進而牢牢地守住防線。

　　此刻，雖然我們掌握了語言表達的正確方式，但如果缺乏辯論的語言技巧，即使我們有理有據也不一定能取得成功，畢竟，一句話想要表達得恰如其分、合乎時宜，還是有難度的；反之，若我們不斷強化和提高自己的辯論知識，掌握一些有效的技巧，那麼我們就能更好地擊敗對方。

所以，掌握一些辯論的技巧就顯得尤為重要，具體要怎麼做呢，以下幾點建議值得一試。

🗨 說話技巧

▪ 擊中要害

　　只有一擊即中、擊中要害，我們的辯論才會變得有意義、有成效，也只有緊緊抓住對方的要害去進行反擊，才能避免給對方留下反攻的機會。

　　如果對方提出的問題我們無法回答，也不要勉強地去應付對方，如此，不僅容易給對方製造可乘之機，而且還會失了面子與身分。此時，不妨採取顧左右而言他的方式去迴避對方的問題，待之後尋求合適的機會再進行猛烈的反攻。

▪ 激發矛盾

　　在激烈的辯論場上，雙方唇槍舌劍的過程中，矛盾必然也是存在的。那麼，我們何不有效利用這種矛盾，並適當地激發矛盾、擴大矛盾，去給對方製造壓力，讓其自亂陣腳呢？

　　這樣，對方分身無術、自顧不暇，自然也就沒有精力來應對我們的進攻了。

▪ 引蛇出洞

　　當我們採取正面進攻而久攻不下時，不妨繞個圈虛晃一招，用引蛇出洞的方式來迷惑對方，讓對方主動開啟突破口，

而後我們再利用此突破口對對方發起猛烈的進攻，攻破對方的防線。

▪「打太極」

如果在辯論的過程中，我們發現對方在論點、論據、論證等方面缺乏一些強而有力的說服依據時，不妨適當地與辯論對手「打打太極」，把一些不利的因素給隱藏起來，或者一語帶過，避免正面交鋒而被對方的言論傷及得體無完膚。

人們常說，「一言可以生禍，一語可以致福」，看似簡單的語言，如果在辯論的過程中使用不當，也會呈現截然不同的意思。

以上幾點辯論語言的表達方式和技巧，你掌握了嗎？也只有牢牢掌握上面所講的內容，並加以合理的運用，我們才能在辯論賽場上讓語言發揮出最佳功效，才能在辯論環節中脫穎而出，完勝對方。

與辯論對手零距離的最佳武器─共同點

　　辯論本就是沒有硝煙的戰爭，在辯論場上雙方由於立場不同而處於敵對的狀態。這種情況下，我們想要探聽對方的戰況，了解對手的一些相關資訊，似乎是件不太容易的事。怎麼辦呢？難道我們就坐以待斃嗎？

　　當然不能，坐以待斃只會讓對方將我們打得落花流水，沒有招架與還手之力。因此，我們只有努力尋找與對手的共同點，與之產生情感上的共鳴，才能拉近彼此的距離，才能知彼知己，百戰不殆。

　　找到共同點，不僅可以讓我們對辯論對手做出一些初步的了解與判斷，還能緩和彼此間劍拔弩張的緊張氣氛。辯論雖說是一個以成功論英雄的舞臺，但同時也是一個互相切磋技藝的平臺。正所謂沒有永遠的敵人，每個人身上都有值得學習的優點與長處，我們只有互相學習、互相切磋，才能取他人之長，補己之短，才能更好地進步。

　　說話看似簡單，但要想說到對方的心坎上，成功地使用辯論的語言去說服對方認可我們的觀點，卻需要我們因人而異、因事而異、因場合地點而異。也只有從中尋找到雙方的共同點，才能更好地拉近與對手的距離，並了解到對手的相關資訊，掌握其弱點，從而使用針對性的語言去反擊對方，讓對方

無力辯解，並成功說服對方同意或認可我們。

每個人的觀點與意見都會不同，尤其是在辯論賽場上，論點、論據、論證不同，一辯、二辯、三辯說話的方式與語氣也會不同，如果我們在辯論時過於呆板，不能靈活應變，只會照搬形式與內容，那麼即使你的同伴再能言善辯，我們也不一定能成功說服對手，獲得辯論的成功。

比如，對於一些大大咧咧的人，我們只要籠統表達出中心思想就可以；但對於一些心思細膩的人，我們就要動之以情，曉之以理，聲情並茂才能反擊到對方。

試想，一個沒有情趣的人、一個缺乏生動的人，如果爭辯的話沒有任何吸引力，即便闡述的觀點是正確的、可行的，也很難獲得對方心底的認同。

說到這，可能很多人心裡就會有疑慮了，我們要如何尋找共同點呢？其實，共同點有很多，就看你怎麼發現了。比如說，我們可以透過對手的穿著打扮、行為舉止來對他的生活習慣、興趣愛好做一些初步的判斷與了解，並藉此和對方探討一些相關的問題來引起更多的交談。例如，探討人生百態、生活品味等，從外在的觀察與深入的交談中來尋找雙方的共同點，讓共同點成為我們與辯論對手零距離接觸的最佳武器，從而探知到對手更多的有用資訊，這樣在辯論環節中我們才能更好地進行有力的反擊。

當然，尋找的共同點最好是能夠引起對方興趣、讓對方有交談欲望的話題點，而且雙方之間的探討也應該展現出一定的價值與深度，要讓對方認為是值得的，並且能深深地吸引住對方。

　　具體來說，可以從以下四個方面來尋找共同點。

💬 說話技巧

▪ 從介紹中猜測出共同點

　　從他人的介紹中，我們可以猜測出一些對方的共同點，然後以此為話題再不斷延伸，從話題中發現新的話題。

　　比如，小 A 和小 B 都是小 C 的朋友，但彼此不相識的小 A 和小 B，某天在小 C 家碰到了一起，於是小 C 便分別對二人做了介紹，結果他們發現都是老鄉，於是立刻圍繞這個共同點進行了交談，並逐漸認識和了解，加深了感情。

▪ 察言觀色尋找共同點

　　一個人的學識修養、興趣愛好，或多或少都會透過自身的行為舉止表現出來，只要我們善於察言觀色，必然能從中發現與對方的共同點。

　　值得注意的是，察言觀色尋找的共同點必須是自己也感興趣的，否則，不感興趣的共同點即使找到，如果不能引起對方的共鳴，那麼也不會拉近與對手的距離，反而還會造成尷尬。

▪ 傾聽他人交談，從中找尋共同點

當我們想要了解辯論對手的一些資訊時，除了上面所說的兩點外，我們還可以藉助對手與他人的談話來找尋出共同點。只要留心觀察，認真揣摩，任何一點蛛絲馬跡都可以幫助我們尋找到與對方的共同點。

▪ 在雙方交談中挖掘共同點

對任何一個不熟悉的人都是在交談的過程中慢慢了解並逐漸熟悉起來的，當我們對辯論對手的情況一無所知，不知從何處尋找有利的突破口時，不妨利用開場前的空隙主動與對方交談，從交談的內容中挖掘出一些共同點，來獲知對手的相關資訊。

尋找共同點最主要的目的就是幫助我們拉近與對手的距離，從而探知對手的弱點，以便我們在辯論中更好地反擊到對方。此種方法雖然不能百分百保證我們達到目的，但可以肯定的是，一定會為我們增加成功的可能性。

所以，尋找共同點的幾個方法，你學會了嗎？學會了就趕緊運用起來吧！

爭取聽眾的最佳突破口—接近與培養

雖說辯論是一個雙方互動的過程，但如果在精彩論辯的環節中缺少聽眾的欣賞與喝采，那麼再精彩的辯論也會黯然失色。因為聽眾也是辯論賽的重要組成部分，我們只有爭取聽眾，讓更多的聽眾踴躍參與到辯論活動中，並積極地給予熱情與回應，辯論活動才會精彩紛呈，才會變得更加有意義。

一場辯論賽中，如果我們不能很好地說服對手同意或認可我們的觀點，那麼我們不妨去尋找聽眾的支持，讓聽眾來判斷。當然，由於學識不同、經歷不同、素養不同，所以聽眾也會存在著不同的差異。我們只有了解聽眾的需求，才能為我們自己爭取到更多的聽眾。

當然了，爭取聽眾之前，我們首先得要接近聽眾。接近聽眾，我們可以採取這樣的方式：

（1）**藉助權威力量或名人言論**：當我們的辯論語言對聽眾沒有造成一個很好的說服效果時，我們便可以適當地藉助權威力量或名人言論來說服他人。

通常，人們內心對於權威的東西或言論都是比較信服的。所以，權威力量或名人言論可以讓我們的辯論語言產生一種不可抗拒的力量，會更容易說服他人。

（2）**主動接近聽眾**：想要爭取到更多的聽眾，首先我們得近距離與聽眾交談，說出的語言得引起對方的共鳴才行，這樣才能更好地促進溝通與交流，才能獲得聽眾的支持。主動接近聽眾又可細分為從心理上接近聽眾和從語言上接近聽眾兩種方式。

從心理上接近聽眾，是指我們要緊緊抓住與對方的相似點展開辯論，讓聽眾內心感覺到與我們是有共同點的一路人，並衍生出親切感，進而支持我們的辯論觀點。

比如，某主管下鄉到農村視察，起先村民們很拘謹，無人答話。為了緩解氣氛，主管開始話家常，說自己老家也是農村的，並講了一些以前做農活的趣事。瞬間，村民們便感到與主管的距離一下子拉近了，成了一條戰線上的戰友。於是，大家開始暢所欲言，當話匣子開啟後，主管也從中獲得了最新鮮、最真實的視察材料。

另一種方法是從在語言上接近聽眾。辯論最主要的表達方式就是語言，如果在語言的表達方式上，我們能給人一種和藹可親的感覺，這樣不僅聽眾聽起來會覺得悅耳，而且也更加容易接受和支持我們的辯論觀點。因為讓人感覺親切與舒服的語言最能引起人們的共鳴，獲得對方的認同感。尤其是在辯論環節中，如果我們使用的語言能貼近聽眾，讓聽眾感到通俗易懂，那麼聽眾也會更傾向於支持我們。

（3）**接受聽眾的選擇**：辯論雙方由於觀點不同、立場不同，所以辯論的風格與表達方式也會有所不同，而不同層次的聽

眾，對辯論的主張以及觀點也會持有不同的看法。因此，我們在接受聽眾的選擇之前，也要考慮以下幾個方面的因素：知識水準、認知層次、審美觀與心理承受能力等。

當然，除了上面所說的接近聽眾外，我們還可以培養聽眾的參與意識，來爭取更多的聽眾。要如何培養呢？我們不妨從聽眾的興趣愛好、使命與責任感、發揮的作用等方面來考慮。

💬 說話技巧

・培養聽眾的興趣愛好

要想在辯論賽場上讓聽眾積極地參與到辯論的環節中來，我們就要培養聽眾的興趣愛好，這樣才能有效激發起聽眾參與的積極性。

・培養聽眾的使命與責任感

一個人只有對事情充滿使命感與責任感，才會積極參與並認真對待每一件事。因此，我們應該讓聽眾意識到，參與辯論活動除了可以提高自己隨機應變的能力外，還能擴大自己的知識領域。以此來培養聽眾的使命感與責任感，並爭取到更多聽眾的參與。

・讓聽眾主動發揮作用

每個人都有可供人學習的優點，因此，培養聽眾的積極性，並讓其意識到自己在辯論活動中具有舉足輕重的位置，讓

聽眾覺得自己是被重視的、認可的，從而積極地發揮自己的作用，對我們的辯論是有幫助的。

　　也只有接近與培養聽眾，我們才能爭取到聽眾，我們的辯論才會獲得聽眾的認可與支持，並引起聽眾的積極參與，也唯有這樣辯論才會變得更加有意義。

第七章
說話雷區小心勿踩，
這樣說話你就輸了

俗話說「一言可以生禍，一語可以致福」。

說話，看似簡單人人都會，但如果口無遮攔、毫無禁忌，

甚至不分場合與對象，對他人的隱私大肆宣揚，

最終只會招致他人的厭惡與嫌棄。

反之，如果你在說話前懂得避諱對方的痛處與傷疤，

做到言之有忌、態度和藹，

不僅可以讓你在人際交往中如魚得水，

同時還可以爲你贏得一個好人緣。

口無遮攔大嘴巴，傷的可不只是人心

在本節開始之前，我們先來看一個相關的小故事：

星期一早上，小美在電梯裡遇到了同事英子。簡單地寒暄過後，英子仔細看了下小美的打扮，便在電梯裡叫嚷著：「哎呀，你今天怎麼穿著奇裝異服來上班呀！這衣服和你的鞋子明顯是不同風格啊，這樣看著真彆扭！」聽完英子的話，小美的好心情瞬間跌落到了谷底，一整天下來做什麼工作都提不起興趣。

生活中，類似的場景是不是經常遇到？換位思考，假如你是小美，聽到這樣的話心裡是不是很不舒服呢？是不是也會因為對方口無遮攔的話而感到傷心和難過呢？

話人人都會說，但有些話在出口前卻需要掂量與思考，口無遮攔的話說出來不僅傷人更傷心。某些時候，如果我們說話時不掌握分寸與火候，那麼很可能就在無意中得罪了他人，甚至發生一些不必要的衝突與誤會。

溝通學大師克勞德（Claude Steiner）曾說：「隨心所欲，信口開河，想什麼就說什麼，完全不顧及別人的臉色，這就叫不會說話。」可能很多人覺得，只有心直口快之人才會犯這樣的錯誤，因為他們心無城府，毫無心計，更不善於在說話時拐彎抹角。但其實，不管是心直口快還是大大咧咧之人，在說話時一定要認真思考，避免口無遮攔，應該言之有忌，說出的話要讓

對方聽著舒服與悅耳，這樣才能增加對方的好感，才能更好地發展人際關係。

比如，你和朋友一起看電影，電影散場後你在朋友面前大肆批評女主角演技差、靠美色上位，朋友卻一言不吭、黑著一張臉，此刻的你可能感到莫名其妙，甚至不知道朋友為何突然就生氣了。但其實，你口中一無是處的女主角正是朋友心心念念的偶像，你口無遮攔大嘴巴，評頭論足他的偶像，他的心裡又怎會開心得起來呢？

💬 說話技巧

所以，對於任何人、任何事，我們都別急著發表自己的觀點與建議。假如你事事出風頭，凡事爭第一，在不了解事實依據的情況下就胡亂發表自己的意見，說一些口無遮攔的話，別人只會嘲諷你說話不經大腦。久而久之，不僅會導致身邊的人與你越來越疏遠，還會因此而留下一個臭名昭著的「大嘴巴」稱號。

說到這裡，有些人可能會不以為然，甚至覺得大驚小怪，但你知道嗎？同樣的話，如果說出的方式不同，那麼聽者的心情也會有所不同。對於好聽、悅耳的話，上至耄耋老人，下至三歲孩童，誰都不會拒絕；而對於嘲諷、詆毀的話，任誰聽了都會擺著一張臭臉來回應你。不信的話，可以去商場化妝品專櫃或美容院多轉轉，你就會對此深有體會。

化妝品專櫃和美容院店員永遠不會對客戶說「老」和「醜」這兩個字。哪怕面對的客戶真的是又老又醜，臉上布滿色斑和皺紋，店員也絕不會口無遮攔地說「年紀大了，自然會長色斑和皺紋」、「您的眼袋看上去讓您老了好幾歲」，他們反而會這樣說：

　　「您的色斑和皺紋看上去一點都不多，像有些電視劇中的年輕女演員，她們的皮膚可比您的差多了」、「您的皮膚保養得可比同齡人好多了，就是膚色稍顯暗沉了一些，我這裡正好有一款保養品是保溼美白的，您看要不要試試，效果真的挺不錯的」、「眼袋和法令紋每個女人都會有，這是不可避免的，不過您只要使用了我們這瓶抗皺霜，那麼您的法令紋和眼袋很快就會根除，皮膚會慢慢變得緊實有光澤，而您也會比同齡人看起來年輕十歲呢」。

　　瞧，這樣的話說出來是不是讓人聽著舒服極了？而且客戶在這種愉悅的交談氣氛下，也會輕易被店員給說動，並心甘情願地購買護膚產品呢！

　　這就是說話的魅力，只有悅耳動聽的話才會讓人為之心情愉悅，才能輕易得到別人的認同與接受。如果我們每個人在說話之前都能稍加考慮、有所顧忌，那麼就能充分化解一些不必要的矛盾或衝突，還可以改善人際關係。

　　所以，我們在與人溝通或交流時，不妨多說一些讚美的話，少說一些口無遮攔的話，這樣，對方不僅能從你說話的言

語上來判斷出你的品格與修養，還能藉此增加對你的好感與印象。長此以往，你會發現，好聽的話不僅會讓你收穫越來越多的朋友與友誼，還會在無形中修練你的修養與氣質，而這都將對你的人生產生莫大的幫助。

玩笑無禁忌，尷尬來收場

在日常說話時，為了活躍氣氛，我們通常喜歡大開玩笑來製造一些幽默，讓雙方的交談在一種輕鬆愉悅的氛圍下進行，並以此來給對方留下一種平易近人的好印象。

一位心理學家曾說：「懂得在恰當的時候逗一逗樂子，能讓人們知道你很坦誠、可愛，不是像機器人一樣的技術專家。」雖然開玩笑有助於我們調節談話的氣氛，但若玩笑開得過大，令對方覺得難堪，那麼也會引起人們的反感。因此，在開玩笑之前，我們也要因人而異，並掌握一個合適的尺度，這樣玩笑才會在說話的過程中造成錦上添花的作用。

比如，你的同事是「妻管嚴」，可你偏偏在其他同事面前開玩笑宣揚這事，嘲笑他怕老婆；你的朋友做生意虧了本，心情苦悶，你卻笑他不是做生意的那塊料……這些明明都是對方避諱和需要安慰的事情，可到了你這裡，你不僅不表示同情，反而還在眾人面前大開玩笑來取笑對方，讓對方難堪。你只顧及了自己開心與否，卻忽略了對方的心情與面子。試想下，如果換作是你，對方這樣開玩笑取笑於你，你會做何感想？

誠然，沒有笑聲的談話是枯燥乏味的，沒有幽默感的人是了無生趣的。在與人說話時，開個恰當而得體的玩笑，確實有助於放鬆心情、活躍氣氛，能讓雙方的交談更加融洽與和諧。

但我們在開玩笑時也不能毫無禁忌，否則，玩笑過度就有可能造成尷尬，甚至弄得自己如豬八戒照鏡子 —— 裡外不是人。

下面我們來看一個案例，或許你會從中得到啟發。

連假後上班，幾個女同事在一起聊天，陳小姐拿出昨天新配的一副眼鏡來詢問大家的意見。出於恭維，同事們都對她的新眼鏡表示了讚賞，覺得戴起來很符合她的氣質。

此時，恰巧男同事老李經過，聽到大家在討論眼鏡的事，於是便自告奮勇地說要講個笑話活躍下氣氛。他說：「有位大齡剩女去店裡購買鞋子，由於高度近視又沒戴眼鏡，衝著一位頭髮有些長的男店員就喊大姐，搞得對方很尷尬。」

俗話說「說者無心，聽者有意」。就在大家哄堂大笑之際，陳小姐一臉尷尬。事後，陳小姐便再也不戴眼鏡了，而且碰到老李也是一臉不悅，就像見到仇人似的，不打招呼也不說話。究其原因，就是老李開玩笑時毫無禁忌引起的。老李可能會不以為然，認為自己只是開了一個無傷大雅的玩笑，但陳小姐卻不這樣認為，她覺得老李不僅嘲笑自己是個「四眼田雞」，還暗諷自己是個「大齡剩女」。

所以，開玩笑不僅要適度，更要注意場合與對象。就如案例中的老李，樂極生悲，因為一句玩笑話而傷了陳小姐的自尊心，並最終影響了同事關係。很多人常常認為開玩笑是無傷大雅的小事，殊不知這樣的小事，如果不考慮對方的心理承受能

力，就有可能變成冷嘲熱諷，甚至一不小心還會激怒對方引發衝突，讓彼此的關係變得劍拔弩張。

因此，我們在與人開玩笑時，一定要把握好一個尺度，千萬不要樂極生悲。具體來說，開玩笑時應注意以下幾點。

💬 說話技巧

▪ 態度要友善

玩笑意在與人交流的過程中活躍氣氛，以便彼此更好地傳遞和溝通情感。如果我們揣著明白裝糊塗，故意借開玩笑之名而行落井下石之實，以此來嘲笑和譏諷別人，那麼別人自然也不願意與我們交朋友。所以，作為開玩笑的首要前提，態度一定要真誠和友善，這樣的玩笑才會讓對方聽起來心情愉悅、眉開眼笑。

▪ 注意區分對象

玩笑的最終目的是要把人逗樂，讓雙方談話更和諧與順暢。但為什麼同樣的玩笑有人喜笑顏開，有人卻眉頭緊鎖呢？這是因為人的身分、性格、習慣、心情不同，所以對玩笑的承受能力也會有所不同。而這就要求我們在開玩笑時注意區分對象，視交談對象身分與性格的不同來開不同類型的玩笑。

▪ 內容要文雅

在開玩笑逗人發笑的同時，我們還應該考慮玩笑的內容。

玩笑的內容展現的是開玩笑者的品格與修養。內容健康、積極向上的玩笑，除了引人發笑外，更是精神上的享受與愉悅；但如果內容粗俗不堪、低級庸俗，不僅會讓聽者覺得尷尬，甚至還會讓對方對你的品味與人格產生懷疑，並進而對你產生不好的印象。

▪ 不能取笑別人的痛處

俗話說「金無足赤，人無完人」，每個人都有自己的痛處。我們在與別人的交流中，不管彼此感情如何，開玩笑時都不能毫無禁忌，故意把別人的痛處當作茶餘飯後的笑料。比如，胖子最怕人家說胖，你卻偏偏開玩笑嘲笑他胖成了一個球，這樣不僅傷了對方的自尊，同時還傷了雙方的感情。

▪ 注意區分場合

開玩笑雖然是為了活躍氣氛，但如果場合不對，那麼只會造成適得其反的效果。假設你對久未見面的朋友開玩笑說「你還在啊？我以為你已經掛了，準備給你送花圈去弔唁呢」這樣的話，可能在朋友健康的情況下聽起來覺得沒什麼，但如果朋友真生病住院了，你還說這樣的話，那顯然是非常不合時宜的，生病的朋友是非常介意的。

開玩笑的目的是給身邊的人帶來歡聲笑語，讓人們心情愉悅，但如果說話不經大腦，想到什麼便說什麼，就很有可能「禍從口出」，導致麻煩不斷。

因此，我們在開玩笑時一定要注意以上五點建議與方法，這樣我們在大開玩笑時才能活躍氣氛，我們的交談才會更融洽、更順暢。

巧妙應對打探你隱私的八卦之人

在與人交往的過程中，我們常常會不可避免地遇到這樣一類人：他們喜歡打破砂鍋問到底，哪怕問題觸及別人的隱私，他們也樂此不疲。但他們卻忽略了一點，隱私是誰都不願意公開或讓人知道的事。如果很不湊巧，當我們遇到這類人問及此方面的話題時，我們又該怎麼做呢？

最好的辦法就是打太極，沉著冷靜地面對對方的提問，然後再巧妙地轉移話題，即便內心不滿，我們也不要輕易顯露自己的憤怒情緒，以免在他人面前暴露出自己的弱點與不足，給對方留下打探隱私的可乘之機。

每個人在生活中都會遇到這樣的提問，例如：「你每個月薪資多少啊？」、「你結婚了嗎？有小孩了嗎？」、「你臉上這個傷是怎麼回事？」、「聽說你離婚了，那孩子判給誰了？」、「你房子買了嗎？車子買了嗎？」、「你是做什麼工作的？」、「聽說你做了個手術，是什麼手術呀？」

遇到此類問題，如果我們不想回答時，打太極就可以很好地幫助我們脫離這種窘境。這個方法不僅可以幫助維護自己的尊嚴，又不至於失了面子，另外還能在對方面前表現出才思敏捷、心胸寬廣，讓對方無話可說，停止發問。

喜歡八卦並熱衷於打探他人隱私的人，總是令人反感與生

厭，他們不僅喜歡從他人的隱私中窺探祕密，還喜歡把祕密分享給另外的人。所以這類人在現實生活中往往是不受歡迎與待見的，但在某些特殊場合下，當我們不可避免地遇到這類人時，不妨參照下面的幾點建議來與對方打太極，巧妙應對打探你隱私的八卦之人。

💬 說話技巧

▪ 把問題還給對方

當遇到某些人打探隱私話題，我們不想回答時，不妨透過反問的方式把問題還給對方：「你打聽這個幹什麼？」、「怎麼了，怎麼突然問這樣的問題？」、「為什麼你想知道，你也要參與嗎？」、「你了解這個與你的生活有關連嗎？」

當這樣的問題反問出去，如果對方回答說「噢，沒什麼，我只是隨便問問」、「嗯，不是，我只是出於關心」，我們就可以借坡下驢，說：「真的嗎？」然後便直接翻篇跳過這一段，這樣不僅不會讓對方覺得尷尬與難堪，而且又表現得彬彬有禮。

▪ 藉機轉移話題

比如說，當對方問你的薪資時，你就可以適時地轉移話題，說：「難道是國家發表新公告了，基本薪資又要做出調整了嗎？」

當對方對你休了十五天的特休假很感興趣時，你也可以這

樣說：「怎麼，羨慕了？不過你還需要繼續拉起袖子加油做滿兩年，才能享受這樣的待遇哦，好好努力吧！」

▪ **正面拒絕**

正面拒絕需要直接明瞭而乾脆，我們可以這樣回答：

「你這個問題真的不好回答，我保持沉默。」

「今天的場合與心情，不適合聊這類話題。」

「這個其實我也不清楚。」

「我不知道，我也是聽說的。」

▪ **裝聾作啞，巧妙敷衍**

他人問及隱私問題，我們也可以裝聾作啞假裝沒聽到，採用一些其他不相干的話題給敷衍過去。比如，當對方問你生病做手術的事情或者問你的年齡、婚姻等問題時，你可以說：「我最近發現一個很好玩的地方，明天我們一起去吧！」、「聽說，××景區要舉行燒烤與露營活動，你有興趣參與嗎？」、「××店，上了夏裝新款，我們去逛逛吧！」

每個人都不喜歡被他人探究自己的隱私與敏感話題，所以，除了應對八卦之人的提問外，我們在與他人交談時，也應該從自身做起，避免去問及對方一些涉及隱私的話題。唯有這樣，對方才能對我們留下一個良好的印象，而我們的人際交往之路才會走得更平坦。

除了上面幾點應對他人提問的方法外，我們在聊天過程中

還要避開一些交談的雷區，尤其是與不太熟識的人交談時，要做到以下「七不問」：

(1) **不問年齡**：年齡是很多人都會忌諱的一個話題，尤其是女性會更加介意。因此，不要想方設法去打探別人的年齡，這是非常不禮貌、不尊重人的表現。

(2) **不問收入**：不管是薪資收入還是家庭存款，都是一個人能力的最好展現，更關乎人的面子問題，另外與收入有關的房子、車子等話題也不要問。

(3) **不問信仰**：每個民族的生活習性與信仰皆不同，如果一不小心觸及對方的雷區，那將是十分嚴肅的事，所以不懂的話最好不要輕易發問。

(4) **不問身體狀況**：健康是人們最嚮往的一件事，但每個人隨著年齡的增加或多或少都會出現一些身體疾病。誰都不想把自己的身體狀況暴露在他人面前，所以即使有疑問，對待不熟悉的人的身體狀況也不要胡亂猜疑。另外，關於整型之類的話題也不要提及。

(5) **不問婚姻**：一雙鞋合不合腳，只有穿的人才會明瞭。婚姻也屬於個人隱私，如果對方不主動提及，那麼我們也不要隨便去問，以免引起不快。

(6) **不問經歷**：人生都是一段辛酸的成長史，每個人的經歷不同，有的人一帆風順，有的人歷經坎坷。經歷就像是一面鏡

子，可以把人的喜怒哀樂完整地呈現出來，因此，這類話題最好不要問，以免觸及他人的傷疤與不堪的過去，令對方難堪。

（7）**不問地址**：如果你和對方不熟，卻一直詢問別人的地址，那麼對方會誤以為你要去他家拜訪，這樣豈不是讓對方很為難？因為對方並沒有打算邀請你，所以，這個問題也不要隨便問。

很多人都力求在他人面前呈現出自己最完美的一面，不願意將自己的缺點或隱私暴露在他人面前。因此，我們在與人聊天說話的過程中，在面對敏感、隱私的話題時，最好是繞著走，以免發生一些令對方難堪或尷尬的事，不僅容易造成友誼的小船說翻就翻，甚至還可能因此而形同陌路。

所以，以上列舉的幾點方法與建議，趕快運用起來吧。相信這些方法可以很好地幫助我們避免這種問題的發生！

勿揭他人之短，勿在傷口上撒鹽

相信大家都聽過「尺有所短，寸有所長」這句話吧！每個人由於生活環境、成長教育、家庭背景、個人經歷的不同，所以在性格、身體等方面存在一些缺陷或不為人知的過去。而這些不好的方面累積在一起，就變成了一個人的短處與傷口。誰都不願將自己不好的一面暴露在眾人面前，被他人所知曉。

因此，如果我們在與人聊天說話時，不加考慮與思索就利用他人的短處來取笑、打擊對方，在他人的傷口上撒鹽，不僅會傷及他人的自尊心，甚至還會引發一些不必要的衝突與矛盾。

我們常常羨慕那些在人際交往中遊刃有餘的人，其實他們之所以會說話，一個最重要的原因就是他們從來不揭他人之短，不利用他人的短處與痛點來打擊別人；而是懂得誇獎他人的長處，並將對方的優點無限放大，所以他們是最受歡迎的一群人。

有些人揭短是故意的，是想利用對方的短處來作為攻擊對方的強而有力的武器，妄想以此來打垮對方。但也有些人揭短是無意的，脫口而出、不假思索，所以犯了對方的忌諱。但不管是有意還是無心，只要是揭了對方的短處與傷口，無一例外地都會傷害到對方的自尊，讓對方無地自容。輕則導致感情出現裂痕，重則導致絕交、老死不相往來。

俗話說「一言既出，駟馬難追」。說出去的話就如同潑出去的水，雖然有些揭短的人可能覺得是無心的，但聽者卻並不這樣認為，也許會因此而心存芥蒂。

　　倩倩是某公司文書，從小性格內向，不太與人交流，所以她一直都是獨來獨往。但辦公室是一個比較活躍的地方，每當同事們在一起聊天時，倩倩總會不合時宜地說出一些帶刺的話，揭他人之短。

　　有一天，同事露露新買了一件洋裝，特意在其他人面前秀了一圈，當其他同事都稱讚說「漂亮」、「得體」、「顯氣質」之類的話時，倩倩卻在一旁說：「這件裙子不適合你，你身材這麼胖，穿這件裙子顯得更胖。而且你皮膚本來就黑，這下裙子的顏色把你的膚色顯得更黑了！」聽到這話，露露非常生氣，臉色瞬間就變了，並衝倩倩大聲吼叫道：「有你這樣說話的嗎？根本是你不懂得欣賞。」

　　頓時，之前稱讚衣服漂亮、顯氣質的人面面相覷，感到十分尷尬。雖然倩倩說的是實話，但這樣揭短的話完全不考慮當事人的感受，就這樣直白地說出來，未免太過於傷人。

　　自此以後，露露與倩倩再也沒說過話，而其他同事擔心碰到類似的尷尬，也很少就一些事情去詢問她的意見，大家都慢慢地疏遠了她，並把她排除在團體活動之外。

　　待人處世，免不了要與人交流溝通。如何與人發展良好的

人際關係？說話就顯得尤為重要。就好比胖子面前不說胖、矮子面前不說矮、東施面前不言醜，對他人的痛處與短處應盡量避而不談。如此，表現的不僅是對對方的尊重，更展現的是自己的修養與品德，否則明知是痛處與忌諱，卻偏偏還要去觸碰，豈不是自討苦吃？

有一位身殘志堅的年輕人，雖然在小時候失去了雙手，但他發奮圖強，用腳代替雙手完成了許多常人都難以做到的事情。他憑藉著自己對畫畫的熱愛，創造出了以腳代手來寫字畫畫的本領，並因此而成為小有名氣的畫家。

有一次，他在某城市舉辦個人畫展，一個記者在明知他有身體缺陷的情況下，故意挑釁地問：「你是一個依靠腳指頭而成名的畫家，那麼這是否意味著，腳對你的用處要大於手呢？」

從小失去雙手的痛苦已經讓畫家過早品嘗了生活的艱辛，聽到記者這樣問，他反問道：「維納斯雕像素來是以斷臂出名的，那麼我想請問你，它是有雙臂美還是沒有雙臂美呢？」此言一出，那位記者竟無言以對。

瞧，這位記者是不是搬起石頭砸了自己的腳呢？本想揭他人傷疤與痛處來取樂，結果卻反而讓自己難堪。

💬 說話技巧

每個人都有缺點或痛處，我們在聊天說話的過程中，不要取笑他人，更不要故意挑釁對方。勿揭他人之短，勿在傷口上

撒鹽。即便對方的缺點或痛處無法迴避，那麼，我們在不得不提及這方面的話題時，也應該含蓄與委婉一些，避免給他人造成更大的傷害。

　　也只有避免觸及別人的傷疤與痛處，我們在與人說話交談的過程中才會更輕鬆、更愉快，才會更好地發展我們的人際關係。

口頭禪，可不是百無禁忌想說就說哦！

不知大家是否留意到，在社交場合中，絕大多數人在說話時都有掛在嘴邊經常使用的口頭禪。例如，周杰倫的口頭禪是「哎喲，不錯哦」，對應的就是棒、好的意思；而蔡依林的口頭禪是「是哦」，對應的就是順從與妥協。除了明星外，我們很多人說話時都有屬於自己的比較鮮明的口頭禪，就連政界名流也同樣如此，歐巴馬無論在哪種場合下發表言論都會說「恕我直言」。

由此可見，不管知識水準如何，不論貧富差距高低，口頭禪就像是影子一樣，時刻伴隨人們的左右。但是，在人際交往中，口頭禪可不是百無禁忌想說就說哦！如果我們不杜絕負面的、有損形象的口頭禪，那麼這些口頭禪就會給我們的人際交往帶來很大的阻力。

下面，我們先來看這樣一個案例，或許你會從中得到啟發。

小李平時喜歡阿諛奉承，見到主管就會熱情而周到地打招呼、拍馬屁，為了能在領導面前留下一個好印象，他可真是用心良苦。每次與主管說話，他的口頭禪都是「您親自……」主管視察工作，小李就說：「主管，您親自指導工作啊！」主管沏茶，小李說：「主管，您親自沏茶啊！」主管領導開車外出，小李看到了也會說：「主管領導，您親自當司機呀！」對於小李的口頭禪，同事們聽了都非常反感，而主管聽了也覺得小李太過於虛

假與做作，但好在無傷大雅，主管也沒有說什麼。

　　某天，小李去上洗手間，出來時恰好碰到主管進去，於是他急忙和主管打招呼，說：「主管，您親自上洗手間啊！」主管一聽到這話，臉上的表情瞬間晴轉多雲，說：「我不親自來，難道還讓你代勞不成？」

　　意識到說錯話的小李，連忙給主管道歉。正所謂吃一塹，長一智，小李自此以後再也不把這句口頭禪掛在嘴邊了。

　　為什麼人一旦將口頭禪形成了習慣，就會在與人說話時不受控制地脫口而出呢？這是因為人們在日常的說話中，經常有意無意地將一些話反覆使用，久而久之，便形成了自己獨具鮮明特色的口頭禪。雖然口頭禪只是簡短的幾個字，但我們千萬不要小瞧它，因為一不小心，口頭禪就會暴露你的性格特徵。所以，口頭禪並不是百無禁忌，想說就說。

　　下面列舉一些生活中常見的口頭禪，大家不妨對照參考一下。

🗩 說話技巧

▪ 說真的、說實話、不騙你、的確如此

　　說這類口頭禪的人，他們特意強調這些用詞，是因為他們性格急躁、缺乏耐心，且內心非常渴望得到別人的認同，希望別人能信任自己。

- **可能、或許、大概**

運用此類不太確定詞語作為口頭禪的人，他們沉著冷靜、處世圓滑，不會輕易暴露自己的想法，更懂得鋒芒不露。因此，他們與人相處會十分融洽，處理人際關係更是遊刃有餘。

- **你一定要、你應該、你必須**

使用這類決定性詞語做口頭禪的人，一般自信滿滿，且做事獨斷專行，聽不進他人意見。而且，使用此類口頭禪的人大多是公司主管或擔任一些管理職務的人。

- **是啊、對呀、這個、嗯嗯**

經常使用這類口頭禪的人，可分為兩種類型，一種是沉默寡言、性格內向的人，平時不太愛說話，所以藉助這些口頭禪來做間歇的停頓，幫助自己理清思路；二是主管開會或演講時，用這些詞來為自己即將進行的下一段話留出空隙，不僅可以顯示主管的風範，還能避免說錯話而造成尷尬。

心思縝密的人，往往都會從一個人說話的方式中初步判斷出他的行為習慣。既然口頭禪可以暴露我們的內心，影響我們在他人面前的形象，那是不是代表我們從此就要與口頭禪說再見了呢？

當然不是，任何事情都有正面與負面的一面。口頭禪也可分正面與負面的。通常，積極的、正面的口頭禪有「你真棒、加油哦、我看好你、真給力」等；懂禮貌的口頭禪有「對不起、實

在抱歉、不好意思、您好、請幫我」等，這些都屬於正面的，不僅可以激勵和鼓舞人們，被人們所接受，同時還可以展現出說者的文化素養。

而負面的、消極的口頭禪有「沒意思、真沒勁、好無聊、真煩人、隨便」等；而失禮、唐突的口頭禪又包含「有毛病、見鬼了、滾一邊去」等。這些負面而唐突的口頭禪說出來，不僅會影響聽者的情緒，還會讓自己的形象大打折扣，讓別人誤以為你水準低下、內心陰暗。

所以，我們在與人交往的過程中，要想獲得別人的好感，贏得別人的尊重，在說話前，就要再三斟酌。因為只有積極的、正確的口頭禪才有助於我們發展良好的人際關係，讓我們得到更多人的喜歡；而負面的、消極的，我們就要學會避免，因為那些有損形象的口頭禪會阻礙和影響我們的人際關係。慢慢地把不良的口頭禪從日常生活中驅逐出去，讓自己成為一個會說話、會聊天的交際高手吧。

你知道「臭嘴」是怎麼產生的嗎？

在日常生活中，為什麼有些人一開口就能獲得他人的喜歡與認可，而有些人話沒說完就引起人們的反感與厭惡呢？其實，最主要的原因就在於每個人在說話時表達的方式不同。有些人之所以不受歡迎，是因為他們在說話時會犯一些語言方面的禁忌。因為他們「臭嘴」，所以身邊的人對他們敬而遠之。

但你知道「臭嘴」是怎麼產生的嗎？關於「臭嘴」，有些人可能不太清楚具體的範疇，下面我們就來列舉一些「臭嘴」的表現，方便大家能早日遠離「臭嘴」這個名號，成為他人喜歡與尊敬的人。

💬 說話技巧

▪ 說話喋喋不休

有一類人，他們在生活中說起話來總是喋喋不休、沒完沒了，非常地健談，對他人談論的任何事情都要指手劃腳、評頭論足一番，自以為八面玲瓏、處世圓滑，可在他人看來就是囉哩囉唆的廢話王。你滔滔不絕、長篇大論，可身邊的人卻始終抓不住你想要表達的中心思想，以至於廢話講了一籮筐，卻讓人霧裡看花、不明所以。太囉唆的人，總會有意無意耗費他人的時間與精力，讓人出現聽覺與視覺上的疲勞，長此以往，還

會引起他人的反感。

俗話說「話不在多而在於精」，不管任何場合，說話簡明扼要、言簡意賅的人往往更受人歡迎。因為他們除了簡潔明瞭地表達出自己的想法與觀點外，同時還留出了一定的空間給予他人思考與發問的機會。如果在與人說話時，我們能巧妙地運用它，那我們的人際關係將會得到很大的提升。

▪ 喜歡在他人背後說是非

很多人出於無所事事或嫉妒、羨慕的心理，喜歡在他人背後說是非來議論或誹謗他人。這些人還美其名日：生活中如果少了評頭論足、八卦是非，那將會索然無味、了無生趣。以訛傳訛、捕風捉影之事也大有人做。說到底，在背後議論他人總歸是不太禮貌的一種行為。不管是善意還是惡意，不管是好話還是歹話，用議論他人來增加話題度、貶低他人抬高自己都算得上是一種不恥行徑。所以，要想遠離「臭嘴」的名號，我們就要做到閒談莫說人非。

▪ 說話武斷，言語暴戾

有些人整天都是一副苦大仇深的樣子，好像誰都欠他人情似的，不僅說話武斷，言語還挺暴戾，且經常掛在嘴邊的一句話就是：「不要惹我，我的沒錯，這件事情本來就是這樣的，是你弄錯了！」

徐偉是一位大學教授，某天，同事李默找他借電腦，他欣

然應允。可是沒過多久一會，李默就過來告訴徐偉，電腦出了一些故障。還未等李默說完，徐偉便怒氣沖沖地說：「我的電腦不可能出問題！我用了這麼久從來沒出過問題，肯定是你自己不會用。」說完便轉身去做其他的事了，絲毫不顧及一旁李默的情緒。

徐偉為什麼不想一想有可能電腦時間久了出故障呢？或者是同事李默在使用某個程式或軟體時操作錯誤了呢？一件極其簡單的小事，若心平氣和或者言語上溫柔一些，那麼就絕不會造成這種尷尬與難堪的局面，同時也會在同事心裡留下一個好印象。

▪ 陽奉陰違，表裡不一

有的人喜歡吹牛，更為了維護自己的面子，在說話時將牛皮吹上了天，說一些毫無事實依據、信口開河的事。久而久之，他不僅失去身邊人的信任，還會導致自己疲於應付而心力交瘁。

有一家民營企業的主管，明明公司效益不好，處於日漸虧損的狀態中，但為了打腫臉充胖子，上新聞節目露臉，在記者採訪時他卻謊報公司年年盈利。結果，該企業不僅失去了當地政府幫助的機會，反而還得作為當地的龍頭企業帶頭募捐行善。員工為此怨聲載道，議論紛紛。

說話做事陽奉陰違、表裡不一的人，往往給人一種虛假與

做作的感覺，會讓聽者分不清真假。就如同狼來了的故事，即使後面狼真的來了，但也沒人願意相信了。所以，這類人同樣也是不受歡迎的人。

▪ 凡事喜歡爭輸贏

正所謂「蘿蔔青菜，各有所愛」，每個人對事物的看法與觀點都是不同的。當我們在與人交流的過程中，遇到一些人提出反對的意見，這其實是很正常的。

但有些人卻錯把這種不同的意見當成了辯論。不管對與錯，只要別人的觀點和意見與自己略有不同，他們就要拿出自己的那套理論去反駁別人，並樂此不疲，非要從一件事情中爭論出輸贏才善罷甘休。

以上就是關於「臭嘴」的幾種表現，你知道了嗎？知道了就要學會避免哦。也只有在說話時遠離「臭嘴」的名號，我們在與人溝通的過程中才會受到大家的歡迎，更好地發展人際關係，並讓自己成為人群中最耀眼的那個人。

舌粲蓮花無人理，請問你語氣對了嗎？

生活中，人與人之間交流最主要的方式就是說話，說話不僅可以向他人傳遞出我們想要表達的資訊，還可以接收到來自他人的資訊。但千人千面，每個人的性格特徵不同，在說話時態度與語氣也會截然不同。一般來說，比較常見的表達方式有請求、命令、勸說、建議、強制等。

不管是請求還是建議，為了方便我們與他人之間的交流更順暢，我們就不能把話說得太過於生硬，而應該盡量委婉、溫和一些，否則說話硬邦邦，誰都不願聽。

有些人可能由於性格使然，有些人也可能出於自身的優越感，所以，在說話時總是一副頤指氣使的態度。殊不知，如果在說話時不注意自己的態度與語氣，言語生硬而冰冷，不僅會讓自己陷入眾叛親離的局面，還會因此而影響自己的工作與生活。

說到這裡，我們先來看一個案例，就會發現說話語氣不對，不僅會在無意中得罪人，還會遭到他人的反感與厭惡。

玲子就職於一家大公司，雖然平時業績不錯，但在公司的人緣卻不太好。因為她每次說話的語氣都是硬邦邦的，讓人聽了非常不舒服。

某天，飲水機沒水了，她對同事小李說：「去茶水間換桶

水，你正好閒著沒事幹。」

小李一聽這話，不高興了，反駁道：「什麼叫我閒著沒事幹？我正在思考策劃方案的事呢！」

碰了一鼻子灰的玲子轉身又去了行銷部，說：「王經理，上個月的市場調查報告做好了的話就給我一下。」

王經理頭也沒抬，不耐煩地說：「做好了自然會給你的，你這剛當上專案組長，說話語氣就不一樣了啊！」

顯然，王經理心中似有不滿。玲子想，我只是問問，也沒催你呀！

過了幾天，同事們聚在一起聊起公司發展狀況。玲子又是竹筒倒豆子，一股腦把公司存在的一些弊端給說了個遍。同事們聽了都一臉不悅，因為玲子那意思明顯就是在說大家上班不自覺、拿公司管理制度當兒戲。

過了一會，越越問玲子，因為手裡要趕一份重要的文件，她要的那份資料可不可以晚一天給她。誰知，玲子聲色俱厲地說：「不要為自己的懶惰找藉口，反正這是你分內的事，你自己看著辦！」

本來是與玲子商量的，但看到玲子說話的語氣這麼硬邦邦的，越越也不甘示弱地說：「你以為你是誰啊，不就是個小組長嗎？告訴你，我今天就是做不出來。」

玲子氣得渾身發抖，說：「那我這個不著急嗎？我也是執行

命令而已啊。」

正在此時，專案經理走了過來，他把玲子叫進了自己的辦公室，問：「你知道同事們私下是怎麼稱呼你的嗎？他們都叫你『玲冰冰』呢？」

「為什麼？」玲子問。

「因為你平時說話總是一副冷若冰霜的樣子，不管和誰說話，語氣都是冷冰冰的，讓人聽了心裡很不爽。」經理說道。

直到此時，玲子才明白為什麼自己每次與人說話時，大家都不愛搭理她。一直以來，她都誤以為是自己業績出眾，惹得同事「羨慕嫉妒恨」，可誰知，竟然是自己說話語氣太硬引起的。

舌粲蓮花無人理，請問你語氣對了嗎？將心比心，如果對方柔聲細語、態度和藹，我們聽起來悅耳動聽，是不是也更方便雙方交流呢？因此，為了避免說話時無人搭理的情況，我們不妨從以下幾個方面去努力做出改變，為自己贏得一個好人緣。

💬 說話技巧

▪ 說話時語氣平和

雖然人與人之間的身分、地位存在著差異化，但人格與尊嚴卻是平等的。因此，在與人說話時，我們不需要卑躬屈膝、低三下四，同樣也不要盛氣凌人、頤指氣使。也只有說話時語氣平和，對他人給予充分的尊重，對方才會容易接受與認可我們。

▪ 言語恰當

比如，「請你幫我拿下這本書」和「你給我拿下這本書」，前者就比後者聽起來更合適與恰當一些。如果說話時使用一些不恰當的言語，那麼就會造成說者無心，聽者有意，很容易引起一些不必要的誤會與麻煩。

所以，說話時一定要注意措辭是否使用得當，盡量語氣委婉一些，使用一些中性或帶有褒義的詞語來表達我們的想法。

▪ 說話語調要明朗

很多人在說話時，都會表現出一副波瀾不驚的樣子，就連說話的語調都是一樣的。殊不知，語調不同，人們所接收到的看法也會完全不同。比如，有的人在說話時語調歡快、笑聲不斷，那麼很明顯此人心情大好；反之，有些人說話音調平平、有氣無力，黑著一張臉，不僅影響對方的心情，還會讓人失去傾聽的慾望。

因此，我們在說話時一定要語調明朗、抑揚頓挫，要讓對方感受到我們的熱情，這樣才會讓對方產生一種想聽、願意聽的衝動。

有位名人曾說：「你希望別人怎樣對待你，你就應該怎樣對待別人。」換言之，如果我們在與人說話時不想聽到語氣硬邦邦的話，那麼我們就不能以同樣的方式去對待別人。也只有換位思考、言語真誠、態度和藹，我們才能為自己贏得一個好人緣，才能在為人處世中讓自己立於不敗之地。

爭論是最愚蠢的說話方式

　　每個人都有發表自己意見的權利，在說話的過程中都會遇到與對方觀點不一致的時候因為每個人的成長環境不同、經歷不同、學識也各有差異，所以在對待同一個問題時，出現觀點不一致的情況也是正常的。而有些人為了讓對方認同自己的觀點，總是喜歡固執己見、與對方爭論，非要分出勝負，這樣不僅會產生不必要的爭論，致使矛盾升級，而且還會給對方留下「愛抬槓」的不良印象。

　　幾乎所有爭論都是以雙方面紅耳赤、不愉快而結束的，也就是說，不管爭論的結果誰輸誰贏，都會讓人不舒服。其實，有時候這些不必要的爭論是完全可以避免的。因為與人爭論不但會傷害彼此之間的感情，而且也會破壞自己的形象。所以，爭論是最愚蠢的說話方式。

　　一般來說，愛爭論的人經常喜歡對別人的話發表不同的意見，甚至不給別人說話的機會。從心理學的角度來說，這其實是自戀和反抗心理在作怪。愛爭論的人大多只在乎自己的感受，不會為他人著想，更不會懂得換位思考，所以在交流的過程中出現矛盾是避免不了的。

　　而情商高、會說話的人都懂得在說話時求同存異，忍一時風平浪靜，這樣不僅不容易與人發生口角，而且還能獲得更多

的朋友和快樂。

對有些人來說，爭論的目的是給自己爭面子，但是我們不能為了自己的面子就讓對方丟了面子。當我們與人爭論的時候，也是變相地為自己樹立了一個「敵人」，因為無論爭論的結果如何，我們都會失去對方對我們的好感。試問一下，究竟是表面的勝利重要，還是對方對我們的好感重要呢？

因此，當我們遇到這樣的情況時，最聰明的做法就是保持沉默。當然，沉默並代表妥協，而是避開風頭，看準時機再進行闡述。要知道，動不動就與人爭個面紅耳赤的人是不受歡迎的，如果我們發現大家都在為一個無關緊要的問題爭論不休，此時，最好是不要參與其中，否則我們就很可能會成為「眾矢之的」。

當我們面對不同的意見時，要坦然地接受對方的意見，透過積極的交流說明問題，而不是爭個「你死我活」。美國著名的成功學大師卡內基說過：「普天之下，只有一個辦法可以從爭論中獲得好處，那就是避開它！」因為不必要的爭論除了會浪費我們的精力和時間外，並不會給我們帶來任何益處。

那麼，我們究竟要怎樣做才能避免不必要的爭論呢？

💬 說話技巧

▪ 勇於承認自己的錯誤

假如我們發現自己所說的觀點有誤時，切忌找理由掩飾自己的錯誤，那樣只會欲蓋彌彰，讓人感覺我們不真誠。此時，我們應該坦誠地向對方承認自己的錯誤，這樣就不會引起無謂的爭論。

▪ 學會接受不同的意見

當我們的意見與對方的意見不同的時候，千萬不要一味地固執己見，而是要學會接受不同的意見，耐心地聽對方表達。如果對方的意見確實是正確可行的，那麼我們可以接受對方的意見，如果我們不同意對方的意見，也不要立刻反駁，不妨一笑而過。

▪ 不要急於辯解

有些人總認為自己的觀點是正確的，總是固執己見，把自己的想法和觀點當作是至高無上的真理，帶著這樣的想法與人交流，免不了會發生爭論。當我們遇到這一類人時，不要急著辯解，要冷靜、耐心地聽完對方的觀點，然後進行客觀的分析後發表自己的觀點，如果對方依舊如此，那麼我們就要保持沉默，或是找藉口離開，以免發生爭執。

▪ 努力尋找共同點

正所謂「話不投機半句多」，之所以發生爭論，是因為彼此之間存在分歧，也就是沒有共同點。因此，我們在說話的時候要努力尋找共同點，這樣不僅能避免不必要的爭論，還能保持良好的說話氛圍，使交流順利進行下去。

只要我們在說話的時候掌握了以上幾個技巧，就可以避免用愚蠢的說話方式與對方交流。

要知道，會說話的人從來不會用爭論去說服對方，因為想要在爭論的過程中改變對方的想法幾乎是不可能的，爭論的結果是沒有一方能真正贏。因此，就算我們的觀點是正確的，也不要為了爭一時的勝負而失去了別人的好感，致使交流無法繼續。

隨便打斷別人說話的壞習慣，你有嗎？

在生活中和工作中，我們經常會遇到隨便打斷別人說話的人，他不會事先告訴別人他要插話了，總是喜歡在別人津津樂道的時候冷不防地插進來，讓人猝不及防，不得不停止說話。他們也不管別人說的是什麼，總是能把話轉移到自己感興趣的話題上，就算是總結性的語言，也喜歡搶著說，因為他們根本不知道什麼是尊重別人。

婷婷是一個活潑又開朗的女孩，有事沒事總喜歡找人聊天，可她身邊的朋友卻不多。大學畢業後，婷婷進入了一家外貿公司上班，剛開始的時候大家都挺喜歡她的，可是後來，慢慢地接觸後，同事們就開始疏遠她了。

原來，不管是在工作中還是私下聊天，婷婷總是喜歡打斷別人的話，本來在工作之餘聊天是一件很輕鬆、愉悅的事，但是婷婷的這種做法顯然會影響別人聊天的興致，同事們自然不願意與她聊天了。

有一天，中午吃飯時，婷婷和主管聊起了網路上某明星的八卦，主管隨口說：「×××又和×××傳緋聞，他們倆的事說不定是真的。」話還沒說完，婷婷就打斷主管的話說道：「哎呀，這是不可能的，我前天還在網上看到×××是和××在一起，你說得不對！」主管聽到後，沒有再繼續這個話題，而是

轉移到一個新的話題，聊起了自己對人生的看法，可沒說兩句又被她打斷了。後來乾脆她一個人在那裡滔滔不絕地說，完全沒看到主管的臉色有多差。

再後來，婷婷找主管聊天的時候，主管都藉故推辭了，婷婷找其他人聊天，其他人也不願意。對此，婷婷很鬱悶，想不通同事們好好的為什麼不願意和她聊天。

本來閒來聊天是挺好的，可婷婷卻總要打斷別人的話，讓別人無話可說。這樣誰又願意與她聊天呢？

英國學者培根（Francis Bacon）曾說過：「亂插話者，甚至比發言冗長者更讓人生厭。打斷別人說話是一種最無禮的行為。」每個人都想表達自己的想法，這本無可厚非，可如果為了表達自己的想法而忽略別人的感受，顯然是不行的。

如果我們不分場合、不分對象、不分時機隨便打斷別人的話，不僅會打斷別人的思路，而且還可能會引起別人的反感，甚至產生不必要的誤會。情商高、會說話的人，不會在與別人說話的過程中隨意打斷別人的話，因為他們知道這是極不禮貌的行為。

比如，我們在聚會上看到一個熟識的朋友正與其他人聊得開心，如果我們想加入聊天的行列，就不能貿然開口，打斷他們的交談。因為這樣不僅會使氣氛變得很尷尬，而且還可能會中斷別人聊天的話題，萬一他們是在討論重要的事情，我們的

加入就很可能會導致雙方談判失敗，致使場面變得無法收拾，同時大家也會認為我們沒有禮貌而拒絕與我們說話。

因此，要想讓別人願意與我們說話、喜歡我們、接納我們，就要做到以下幾點：

(1)　不要搶著替別人說。

(2)　不要用與話題無關的語言來打斷別人的話。

(3)　不要急著幫別人說話。

(4)　不要為了雞毛蒜皮的小事打斷別人的正事。

要知道，打斷別人的話真的是非常不禮貌的，如果必須要打斷，那麼我們還需要學習以下插話的技巧。

🗨 說話技巧

▪ 做一些暗示性的小動作

假如我們需要找正在說話的某個人解決一些問題，可以在插話前先做一些暗示性的小動作，這樣對方會找機會與我們說話。需要注意的是，千萬不要一聲不響地站在他們身邊，否則對方會認為我們是在偷聽。當他們中途停止說話的時候，我們就可以向對方說明來意，等問題解決後應該馬上離開現場。

如果我們很想加入別人的談話，那麼更應該找一個合適的機會，然後禮貌大方地打招呼詢問：「我可以加入你們的談話嗎？」或者是讓熟悉的朋友相互介紹，這樣就可以很快地融入聊天中。

▪ 插話前提前宣告

如果我們在與對方說話的過程中，想補充對方的觀點或是突然想到與話題有關的事情時，可以在插話前先做提前宣告，例如：「對於你剛才說的觀點，我想補充一句」、「我插一句，對於這個問題……」這樣說出自己的想法和意見，就不會過多地打斷對方的思路不過需要注意的是，使用這種方式插話時，所插的話不要過多，要適量、適當，這樣不僅不會令人討厭，而且還可以活躍說話的氣氛。

▪ 就算觀點有分歧，也不要隨便打斷

假如我們和對方交流時，雙方的觀點出現了分歧，也不要隨便打斷對方的話。就算是彼此很熟悉，也要等對方說完之後再闡述自己的觀點。這裡需要注意的是，哪怕分歧再大，也絕對不能惡語傷人或是出言不遜，不能斥責、諷刺、辱罵對方，要和諧、友好地交流，以免出現不必要的爭吵。

要知道，隨便打斷別人的話是對別人的不尊重。在現實生活中，要想得到別人的尊重，就要先學會尊重他人。因此，我們在與別人交流的時候，切記不可隨便打斷別人的話，這是對別人最起碼的尊重。

電子書購買

爽讀 APP

國家圖書館出版品預行編目資料

開口就要贏得好感，想認識誰就認識誰：換位
思考 × 權威效應 × 自我嘲弄 × 模糊語言，人
人都會說話，但不一定會「好好說話」！ / 胡
涵林 著 . -- 第一版 . -- 臺北市：財經錢線文化事
業有限公司 , 2024.01
面 ； 公分
POD 版
ISBN 978-957-680-723-7(平裝)
1.CST: 說話藝術 2.CST: 溝通技巧 3.CST: 人際
關係
192.32 112021725

開口就要贏得好感，想認識誰就認識誰：換位思考 × 權威效應 × 自我嘲弄 × 模糊語言，人人都會說話，但不一定會「好好說話」！

臉書

作 者：胡涵林
發 行 人：黃振庭
出 版 者：財經錢線文化事業有限公司
發 行 者：財經錢線文化事業有限公司
E - m a i l：sonbookservice@gmail.com
粉 絲 頁：https://www.facebook.com/sonbookss/
網 址：https://sonbook.net/
地 址：台北市中正區重慶南路一段六十一號八樓 815 室
Rm. 815, 8F., No.61, Sec. 1, Chongqing S. Rd., Zhongzheng Dist., Taipei City 100, Taiwan
電 話：(02) 2370-3310 傳 真：(02) 2388-1990
印 刷：京峯數位服務有限公司
律師顧問：廣華律師事務所 張珮琦律師

-版權聲明

本書版權為文海容舟文化藝術有限公司所有授權崧博出版事業有限公司獨家發行電子
書及繁體書
繁體字版。若有其他相關權利及授權需求請與本公司聯繫。
未經書面許可，不可複製、發行。

定 價：375 元
發行日期：2024 年 01 月第一版
◎本書以 POD 印製
Design Assets from Freepik.com